U0588640

儿童课程
与教学变构

小学语文"意·创"之法

杨建英 / 著

东北师范大学出版社

长 春

图书在版编目（CIP）数据

儿童课程与教学变构：小学语文"意·创"之法 /
杨建英著. — 长春：东北师范大学出版社，2020.11
　　ISBN 978-7-5681-7455-8

　　Ⅰ.①儿… Ⅱ.①杨… Ⅲ.①小学语文课—教学研究
Ⅳ.①G623.202

　　中国版本图书馆CIP数据核字（2020）第233381号

□责任编辑：霍优优　　□封面设计：言之凿
□责任校对：王立娜　　□责任印制：许　冰

东北师范大学出版社出版发行

长春净月经济开发区金宝街 118 号（邮政编码：130117）

电话：0431-84568115

网址：http：//www.nenup.com

北京言之凿文化发展有限公司设计部制版

北京政采印刷服务有限公司印装

北京市中关村科技园区通州园金桥科技产业基地环科中路 17 号（邮编：101102）

2022年6月第1版　　2022年6月第1次印刷

幅面尺寸：170mm×240mm　印张：14.25　字数：216千

定价：45.00元

意义的创造·境界的提升

　　杨建英老师是个不断进取的人。她在领导学校、发展金阊教育集团的同时，一直没有停止过对语文教学的研究。她不断学习、深入思考，以开放的心态吸纳前沿的理论、先进的经验，积极进行改革实验。最近几年，在研究、改革的基础上，杨老师梳理自己的思想和成果，完成了这本专著——《儿童课程与教学变构——小学语文"意·创"之法》。这本专著，有杨老师自己独特的理解，有合理的逻辑，形成了体系，又具有很强的操作性。对于专著的出版，我们由衷高兴，并表示祝贺。

　　我在阅读各章各节的同时，非常关注专著的绪论和第一章的导语。我深以为，这两部分文字简明扼要，是"变构"之魂，是"意·创"之法的总纲。"意·创"固然需要讲"法"，讲方法、讲技术、讲操作，但"法"之上应当有"道"的统领，否则，便丢失了方向感，缺失了核心价值观。恰恰在这方面，杨老师有着先进的理念、鲜明的观点，以及清晰的表达。

　　"小学语文'意·创'之法"是语文学习，而语文学习是一种文化实践，是"在认同的价值观指导下践行自己的信仰"。确实，任何学科教学的实质都是价值教育，尤其是语文。语文是文化的载体，而文化的核心是价值观问题；语文肩负着传承文化、发展文化的重任，传承文化，发展文化，就是传递、培育核心价值观。语文教学的核心价值观就是要弘扬中华优秀传统文化，从中汲取精神营养，塑造中华民族之魂，挺起民族脊梁，培育爱国情、强国志、报国行。语文教学是个价值重塑的过程，这正是"意·创"之法的实质与根本。所以，杨老师的语文教学改革有很高的价值立意，标志着她的研究、改革进入了一个新阶段。

　　信仰引领下的文化实践进一步处理好了工具性与人文性的关系。杨老师对语文的工具性从不回避，她的研究不在于要不要工具性，而是要透过工具性追求新的意义。她说："小学语文教学的'意·创'之法，以'客观—建构'与'个人—社会'两个维度，探究语文学习与语文教学的本质，主张人文主义的美学价值取向。"这种价值取向聚焦在一个问题上，即"人是意义的诠释者和创造者"，意义的创造比获取知识更重要。因此，在语文教学中应将学生提升到"意义诠释者、创造者"的高度。这样，语文的工具性与人文性，在意义诠释与创造层面得到了统一与融合。从这个角度看，"意"与"创"正是"意义创造"的共同体，这种共同体下的语文教学才是有文化意象与语文气象的。

语文教学中的"意义创造"的主体是谁呢？当然离不开教师，但是教师不应是"意义创造"的单一主体，儿童也应参与到意义创造过程中去，而且儿童应当在教师指导下成为"意义创造"的主体。杨老师认为，教师拥有敏锐的感觉力和无限的想象力，应当给儿童的语文学习赋予意义，其前提是语文学科应当对儿童产生有意义的吸引与作用，发现"这门学科是如何作用于儿童的学习、生活，影响其发展成长的"，在语文与儿童的关系上产生新的认识。杨老师认为，"语文根植于童心，语文和儿童真实世界融合"。如此的融合有个重要的基础和前提，即"建立在积极健康的师生关系上"。我理解，杨老师从"意义创造"的角度定义了"儿童的语文""童心语文"。

杨建英老师提出了一个重要的命题：爱与意志。爱是一种意志，爱也能生长意志；意志是爱的结晶，也是爱的具体体现。总之，爱与意志是"意·创"语文教学变构不可缺失的要素，其"意"是爱的意义，是爱带来的创造；其"创"是爱的创造，是意义和境界的创造。爱与意志是相互支撑的。美国学者罗洛·梅在《爱与意志》一书中这么阐述："没有爱的意志只是一种操纵，缺乏意志的爱，必然只是一种无谓的伤感。"可见，在"意·创"教学变构的后面是"爱·意志"的变奏。

在专著中，杨建英老师还分别就"意·创"做出阐释："取意""求创"，"意"在语感，在语境，在语用；"创"在开放，在创新，在生成，在对话，在拓展，在迁移。至此，"意·创"的语文教学形成了一个比较好的结构。

教学改革永远是个过程，相信杨建英老师的"意·创"语文教学变构会在教学改革中迈出更大的步伐。

语文学习培育儿童健康的精神世界

作为一名从事语文教学工作三十多年的优秀语文教师，我要求自己能从理论到实践，不断把握儿童学习语文的规律，并有效运用于实践。我逐步摸索出了一套小学语文教学的"意·创"之法，希望能主动靠近理论、学习理论，将理论个性化，形成与实践匹配，印证已经实践、提升现在实践、指导今后实践的独到见解。

我生活在苏州，是一位地地道道的苏州人，绕不过淡淡的苏州味道。我摸索出的小学语文教学的"意·创"之法，既植根于语文文化的土壤之中，又得益于苏州教育的温润滋养；既有对语文教学深刻的理解与聚焦，又有苏州教师个体实践经验的烙印，独特而包容，被深深纳入促进儿童语文学习能力发展的整个语文思想体系之中。

语文就是语文，它有语文学科的本质特点——培养语感，发展思维，提高语言能力，丰富精神世界，传承民族文化……这些语文学科承载的"使命"，需要我们以语文的方式实现。"教是为了不需要教"，苏州籍教育家叶圣陶先生的语文教育思想理应成为小学语文教学"意·创"之法的主导思想，并通过深入研究、深入贯彻，成为鲜活而创新的特质发源。

小学语文教学的"意·创"之法需要研究语文学习的发生过程——在哪里发生的？怎样发生的？终点在哪里？因此，我更愿意把它称为一种幸福的教育表情，它具备苏州文化的情境，充满一种感召力。这种感召力"解决了符号学习给儿童带来的断层"（李吉林语），因而倍感温暖。

关注人文，提升情意。语文教师要深入领会教材的精神实质，把对儿童精神世界的关注融入对字、词、句、篇章的领悟中去。也就是说，小学语文"意·创"之法要追求儿童的情感体验和精神享受。这个世界是属于儿童的，他们是我们这个世界中的"天外来客"。谈小学语文教学的"意·创"法，绕不过对儿童文化的基础性研究。遵循儿童的学习规律和身心发展规律，为儿童选准认知起点和最近发展区，无痕地将儿童引向新知的区域，等等，这些鲜亮的儿童观都是小学语文"意·创"之法形成的基础。

关注语言，体现用意。学习语言，是语文教学的基本任务。关注语言，就好比造房子，框架结构、建筑材料，样样都必须符合要求，且坚固扎实。小学语文"意·创"之法首先要研究对语言的理解、比较、运用、拓展，让语言教学的线索清晰明了。

关注思维，体现创意。语言是思维含金量的体现。学生在语文学习中表现出的思维路径越长，思维能力越强，学习内容就越有活力。思维敏捷性体现在师生对话的应对机制上，思维严密性则反映在表达的逻辑条理上。当思维的过程得以呈现，思维就得以延伸，教学就有了促进思维的价值。

我真心希望这一片从语文教学实践沃土中冒出来的鲜亮绿叶，能成长为语文学习大森林中一棵健康的大树！

杨建英

绪 论

上 篇　寻"理"

中 篇　取"意"

下　篇　　求"创"

绪　论

　　小学语文"意·创"之法作为一种正在形成中的教学主张，特别重视学生在学习过程中的主体地位，重视激发学生的认知兴趣，认为学生对学习具有一种天生的积极主动的进取态度。教学活动要致力于让学生在积极的情感氛围中学习，促进学生个性和谐发展。

一、重视儿童主动学

　　（1）小学语文"意·创"之法是从学生乐于学习的角度，研究教与学及其相互关系。"爱教"体现为"会教、愿教、乐教"，"爱学"体现为"会学、愿学、乐学"。两者相互作用，使教师与学生的志趣、能力、态度同时发生变化，只是程度和进度不同而已。

　　（2）小学语文"意·创"之法的核心目标是促进学生个性和谐发展。一方面，让学生的个性倾向和个性发展水平得以集中表现，学生是否乐于学习，乐于学什么的问题，是学生现有个性与发展状况的表征。另一方面，积极的个性心理特征会在教师乐教的影响和学生积极的学习实践中得到良好发展。

　　（3）小学语文"意·创"之法重视学生在教学过程中的主体地位，建立合作融洽的师生关系是教学活动成功的关键。教学只有在得到学生主体意识的选择支持后，才能对其知识、能力、个性、品质、身体等各方面发生作用。学生在教学中的主体性表现为对教育影响的主观选择、学习的个体独立性、学习的主动自觉性、学习的创新创造性。有效的教学活动，必须建立在积极健康的师生关系基础上，学生只有在得到充分尊重与独立自主中才能乐于学习。

　　（4）小学语文"意·创"之法促进学生学习活动呈现积极化形态，通过合理满足学生的各种需要来调动学生学习的积极性。它要求教师对一切教学环节的处理和教学手段的运用，都要遵循促进学生乐于学习的原则。教师在教学过程中，应把创造良好的课堂教学氛围和培养学生的求知精神当作教学追求的重要目标。学生是否乐于学习应是教学追求的主要目标之一，它既是确保教学有效性的重要因素，也是教学成功的主要标志。

二、重视儿童快乐学

小学语文"意·创"之法以学生乐学为主攻方向，课堂教学目标确定、教学方案设计、教学过程展开、教学效果评价等都必须建立在对学情的确切把握上。这是一种获得求知之乐的境界追求。小学语文"意·创"之法主要特征表现为：

（1）强调教学乐趣。强调教学双方积极主动地参与活动，让学习过程充满认识之乐，发现之乐。小学语文"意·创"之法应创新技术手段，提供开放的信息资源，以个性化学习、混合学习、伙伴学习等多元学习方式，促进师生之间、生生之间多向互动，推动教学方式和学习方式的根本变革。

（2）强调情知协调。小学语文"意·创"之法的要素在于对学习情感的培养、学习方法的指导与学习活动的组织协调，这是对学习本质的把握。它把情感态度作为学习活动的原始动力来加以研究和认知，把师生在教学中的成长作为目标之一，研究流程设计和知识分析，以一定的规则与方法对学习活动进行组织与协调，铺展具体实施路径，由此生发对学习的整体认知和有效思维。

（3）强调师生合作。小学语文"意·创"之法以知识、学习、活动为载体，努力超越以"传道、授业"为基础的师生人际关系，形成情感、思想、生命互动的课堂状态；超越以"解惑、技术"为核心的课堂价值追求；超越以"教材、知识"为教学依托的课堂技术手段，形成生活融通、学科伸展、空间开放的课堂流程。

（4）强调个性发展。树立儿童本位思想，走进儿童世界，保留童心、童趣，发现童真，解开教育的密码。充分认识儿童文化的灵性和浪漫、多样和本真，尊重儿童充满活力的生命成长，为儿童发展提供深厚的基础，顺木而生，顺性而长，显现儿童自主发展的价值，构建儿童学习的完整结构。

（5）强调和谐管理。小学语文"意·创"之法有效实践课程架构的一体性、教学实施的一体性、实践情境的一体性，形成以课程、教学为重点，学习领域为难点的教改实践，思考哪些是对学习真正产生影响的因素，对话儿童与客观世界、主观结构的关系，整合学科领域的相关要素，促进师生实施情景交融的学习实践。

三、重视儿童有规律地学

小学语文"意·创"之法不是建立在虚幻的理念之上的，而是有其哲学、心理学、脑科学、教育学的基础。在此基础上，它作为一种教学方法存在，具有鲜明的实践原则。

（1）系统实用原则。构建内容丰富、灵活，且能激发学生自我发展和自我完善的系统。每个环节都要进行优化与改善，环节之间紧密相连，互相协调，整体发展。

（2）师生互动原则。教学活动不再是传统的单项活动或双向活动，而是包括师生、生生活动在内的多边活动。教师是教学过程的参与者和促进者，学生是教学过程的积极参与者，师生平等相待，互相帮助，互相学习。

（3）审美性原则。教育是美的艺术，教学呈现的智慧更是美的艺术。小学语文"意·创"之法传递学习的快乐，追求学习过程中的愉悦，对话交流、心灵沟通、主动获取、积极效能，这些都能使学习成为一场获得审美快感的饕餮盛宴。

四、重视儿童巧妙学

小学语文"意·创"之法十分注重教学策略的选择。良好的教学策略是有效实施教学实践、落实具体教学中的具体要求的重要手段。

（1）情智策略，丰富学生精神生活，凸显学习主体的自主选择。小学语文"意·创"之法在本质上重视人的因素，肯定人的价值，尊重儿童的个性和尊严，激发、调动儿童学习的积极性和主动性，让儿童个性得到生动活泼、主动和谐的发展。小学语文"意·创"之法以课程标准、学生和教材为原点，给予学生充分的学习时间、自主的个性选择，聚焦课堂中每个学生，尊重个体的精神发育，形成民主和谐的课堂教学氛围。

（2）目标策略，建构学习目标，形成适切学生知识建构的教学内容。小学语文"意·创"之法的核心目标是让每一个儿童在探寻普遍知识的过程中逐步建构起"个人的知识"，为其终身发展助力。充分发挥"知识图谱"可视化和序列化的优势，显示知识单元或知识群之间隐含的网络、结构、互动、交叉等隐性关系，形成儿童自主建构所需的知识结构。

（3）探究策略，提供融通的实践体验，促进教学过程积极化。要加速信息技术与学科教学的深度融合，以技术手段的创新，为学生提供多维度学习方式，促进课堂教学变革。重塑"学习空间"定义，从"单向"课堂走向"互动"体验；制定个性化学习策略，从"个体"观察走向"数据"统计，科学分析学生学习轨迹。

（4）认知策略，运用寓教于乐的教学方法，达成有效学习的课堂生态。着力强调培养学生独立自主的精神，强调学习过程的阶段性与连续性相结合，学习方式的共性与个性兼顾。关注"学业水平"，综合考量学业成绩、学业方面的杰出表现、学生高层次思维能力这三者的总和；关注"学习动力"，综合考量学习动机、自信心、对生存环境认同度这三者的总和，由此引领教学指向培养学生的综合学习能力，构建和谐的课堂生态。

小学语文"意·创"之法也是一种课程建构，它以教学新样态为路径，有儿童立场和文化精神的共通之处，有课堂教学的根本规律，有自己的学科特征。它顺应儿童发展的需要，回应时代变革的需求，为每一个学生的发展提供最适切的教学服务，丰富语文教学新价值，为实现人的全面发展这一可能性而努力！

上篇

寻"理"

语言学习是文化实践，是信仰认同和传承，以及在认同的价值观指导下践行自己的信仰。语文作为重要的文化工具，强调知识的建构性、社会性、情境性、复杂性和默会性。小学语文教学的"意·创"之法以"客观—建构"与"个人—社会"两个维度交叉探究语文学习与教学的本质，主张人文主义的美学价值取向，认为人是意义的诠释者和创造者，所有的认知活动都应从自我开始。在语文教学中，提升学生的自我意识比获取客观知识更重要。学生是意义的负载者，尊重学生个体的自我意识是语文学习的核心。

传统的语文教学以经典文本解读为途径，过度关注语文知识的传授和表达形式的模仿，缺乏人性和文本的关联，缺乏对儿童个体的观照。小学语文"意·创"之法是一种以人为本的语文学习方法，也是儿童自我建构、自我积累经验，以便进行社会交流的语文学习方法。

儿童的个体发展是爱和智慧相融合的过程，儿童拥有原始的感觉力和生动的想象力，语文植根于童心，语文跟儿童真实世界融合。一名教师应该比任何人都了解儿童学习知识的经验与认知结构。教师要知道学科本身，还要知道儿童心中的"学科"和作为儿童的学科，研究儿童如何理解这门学科，这门学科是如何作用于儿童的学习、生活并影响其发展的，发现学科对儿童的意义，在儿童发展过程中创造适合儿童的学科资源，顺木而生，顺性而长，显现儿童自主发展的价值，构建儿童学习的完整结构。这是教师的责任所在。

第一节　造就有爱与意志的儿童

教育的意义是什么？教育，应当是"爱与意志"的教育。美国心理学家罗洛·梅说过："爱与意志之所以相提并论，是因为两者是人的存在感中最重要的两个方面，二者都是面临选择的行为。"让受教育者在接受知识、技能的过程中，懂得对知识和技能的热爱，并因此磨炼顽强的意志，为今后的发展积累可贵的精神品质，这就是教育的基本意义之一。

我曾经作为嘉宾参加过苏州教育台"心灵成长"栏目的拍摄，当期话题为"孩子参加课外各类考级项目的是与非"，印象比较深刻的是主持人即兴采访一名学生是否参加过考级活动。那是一名男孩，他吞吞吐吐地告诉在场的所有人，他费了九牛二虎之力考过了二胡四级，他感到非常辛苦。他说的下面这些话让在场的人心酸："我每天要练两个小时二胡。当我总是拉不成调，听着吱吱呀呀的声音时，真想狠狠地把二胡弦拉断，从此不再练了。"主持人追问他要不要坚持二胡考级时，他足足思考了一分钟，然后说："我要坚持，因为我喜欢。"

男孩回答最后一句话的时候，声音弱弱的，眼里噙满了泪水。然而，正是这句话，让我非常感动，感慨万千。这名男孩，就是具备了热爱和意志力这两者，才做出了令人钦佩的选择。记者追问下的这次痛苦回答，恰恰是他积累的一笔丰富的人生财富。他将是一位充满无限可能性的学习者。

一、"爱与意志"：体察学习情绪

据《2011年中国小学生学习状况调查报告》显示，认知能力、学习习惯、学习自信心等个性心理特征影响学生学业成绩。调查让学生对自己的聪明度进行自我评价，发现随着年级增高、学习难度增加，认为自己聪明的学生人数比例逐步下降，到六年级呈现最为明显的下降趋势。这和学生遭遇小升初的境遇相关。对学习情绪的调查，则告诉我们一个令人担忧的问题：很多学生怀着愉悦的心情上学，经历了学习过程之后，带着烦乱与紧张的心情离校者增多。原因是在学习过程中遭遇了失败和指责，离校时带着大量的作业，揣着与老师、家长期望不符的考试成绩等。过重的课业负担和心理压力，造成学生的情绪长期不良地波动，最终影响学习的效果。

由此可见，学习的情绪维度比认知本身更重要。无论什么样的学习，总需要伴有一种意向，或者希望通过学习得到自己不曾知晓的内容，或者希望通过学习达到某种目的，或者希望通过学习给予内心满足，达到"自我实现的需求"。需求、愿望、缺口等情绪状态都能成为影响学习效果的重要因素。

在任何情况下，学习者都必须感到被关联、被召唤、被质问，必须为学习找到价值、兴趣和意义。当新知识十分复杂或是必须借助抽象时，就更需如此。学习情境要能生成某种乐趣，"自我实现的需要，是在努力实现自己的潜力，使自己越来越成为自己所期望的人物。这样才会使他们感到最大的快乐"。反之，没有兴趣、意义、情感，就不可能有高效率的学习，因为它们是整个学习过程的"发动机"。

"爱与意志"的教育，让学习者在爱与意志的体验中成长。在实施的过程中，教师和同伴以"爱"的名义伴随，并以培养顽强的"意志"品质来促进学生主动变化，使他们养成良好的学习兴趣和学习习惯。

二、"爱与意志"：援助学习情境

学生作业过多、学习时间过长、活动空间狭窄、睡眠时间不足等现象为何发生？大多数人认为是学习任务和学习压力过重造成的，其实，这并不全面。《2011年中国小学生学习状况调查报告》从学习条件、学习状态、学习结果三个方面进行了关系调查，其中关于"学生获得外部支持"的情况调查尤其值得我们关注。学生一般通过提问的方式得到教师、伙伴、家长的支持，获得进步。事实是学生更多依赖家长和课外辅导答疑解惑，这样的结果使课外花费的时间逐步延长，课业负担加重。学习结果与学生是否主动沟通、交流学习问题，是否得到恰当帮助有关。

反观当前的教学，教师可能更多地关注知识本身，针对教学内容本身创设情境、给予援助。这样的援助，不是更多关注、激发、召唤和关联学习者本身学习状态的情境，而是单纯添加知识的情境。创设这样的情境进行学习援助，学生无法过滤无效信息，得不到感知学习的有效刺激。情境的作用被异化了。

学习的理想状态是把学习的过程变成享受快乐的过程。教师创设洋溢着"爱"的氛围的学习情境，不仅援助学生一个词语、一个概念、一个答题，而且援助学生一个情景、一个情绪、一个意义。在课堂上，以倾听、肯定、激励、情绪传达、比赛竞争等个性化的援助方式，激发学生对学习的喜悦和愿望，想方设法去放大每个学生的优势信息，促进学生在学习情境中产生学习的能动性。在充满"激发、召唤、关联学习者的情境"之中，关于知识本身的学习将被确立，关于人格品质的顽强意志也将被生动地建立。我认为，任何课程，不分文理，都需要这样的"被激发、被召唤、被关联"。

三、"爱与意志"：改变学习状态

"缺乏爱的意志将变成一种操纵，而缺乏意志的爱，变成一种无谓的伤感，缺乏现实的实际的基础。"培养对学习的热爱，用顽强的意志去获取学习的快乐，是会学习的法宝。在对新知识认知、接受、吸纳的复杂过程中，学生应该且可以凭借良好的感知、情绪、意向等个体状态，主动将获得的信息与自身已有的概念进行对比，对已知信息进行质疑或关联，在断断续续的改变中，丰富并超越自身经验，连续优化，不断前进，最终收到良好的效果。

这是教育的力量，教育的重要力量在于"改变"。改变，是设置任何课程的出发点。教师在课程实施的过程中，设定的课程目标应关注学生的"改变"。只有通过一系列的教育活动，促进学生产生实质性变化，教育才有本质意义。

我们可以用三个维度来评价"爱与意志"的教育意义：

有触动。人的记忆深处，存在的是深刻的情绪记忆。教师通过教育活动，让学生从认识和情感上有所认同，让学生去发展学习能力，就应当是教育的力量。

有行动。课堂教学应具有强烈的现场感。教师作为引导者和组织者，在课前可以精心准备，但不能忘却学生才是知识、情感的实际建构者。在课堂教学过程中，教师通过教育活动，使学生不断生成新知识，最终达到学习的目的。教学效果的评判维度应该是学生是否"行动"了。

有内化。学生接受教学，能自主建构学习内容，自觉践行学习后的体悟，这就是内化的具体表现。比如，面对学习困难，学生有自觉控制情绪的能力吗？当学生了解了分心的表现，懂得了克服分心的方法，有自觉改变的冲动吗？如果有，就是意志的教育。

"爱与意志"的教育将造就"苦中作乐"的会学习者。快乐是一种主观体验。苦与乐，是辩证关系，对立统一。苦乐不能光看表象，身体苦未必心里不快乐啊，真正的快乐来自内心的体验。每个人的苦乐体验不同，对待同一件事情，有的人觉得很苦，有的人觉得快乐。苦乐更不能看当下，当我们要完成某一目标时，过程可能是艰苦的，但一旦达到预设的目标，就能感受到更为强烈、持续的快乐。

学习毕竟不是一件很轻松的事情，必然伴随苦与累。学习需要付出，需要艰苦跋涉。当有了目标，有了内在需求，能逐步做到自我认识、自我突破，能在集体中与伙伴们和谐交往，得到大家的认可，获得的愉悦就是持久的快乐。这样的快乐必将成为"改变"的动力。

研究儿童的学习，是当前教育改革的一个重要话题。课程改革走到今天，教师参加的培训不可谓不多，各类教学方法的研究不可谓不多，教学手段层出不穷。但是，我个人总觉得教育改革或多或少是在"外围"做研究，涉及对学习者本身状态的研究不多。技术层面的东西永远替代不了学习者的内在因素，僵化的教学设计必然丧失教育的活力。

小学语文教学的"意·创"之法更多地关注儿童的内心，"教师应该而且必须回到每一次与孩子相遇的实事本身"，让学习的真实价值"相遇"在儿童的内心世界。

第二节　造就会学习的儿童

"教师应该而且必须回到每一次与孩子相遇的实事本身。"让学习的真实价值"相遇"在儿童的内心世界，这是一种值得关注的课程价值观！小学语文教学的"意·创"之法倡导教师要拥有课程研究的能力，这个能力不单指专业的教学能力与资源开发能力，更包括对儿童学习特点的研究能力。

一、关注儿童的学习特质

张华在接受《教师月刊》记者采访时曾经这样说过："教学是教师研究儿童并促进儿童做研究的过程。这是'民主教学'的核心内涵。"从目前的状况来看，语文教师对儿童的关注或者说是研究，基本处于自发状态。教师入职之前，对儿童的认知来自生活的点滴积累，最多体现为喜爱，并不深入。入职初期，为了完成基本的教学任务，教师往往用尽心力和手段，规范儿童的行为，以取得整齐划一的常规和显性可观的学习成绩。之后，随着教学经验的不断丰富和教学技能的不断娴熟，教师开始自发关注不同儿童的表现，有针对性地实施个别教育，学科角度上也有了分层教学、提优补差。然而，这样的研究儿童，基于的是教师对儿童的直觉。在一定事实面前，教师首先考虑教学成绩、学科知识，其次才是儿童经验和儿童的心理过程，关注儿童还是片面的。

也正是从一开始就产生了研究视角的偏差，语文教师在实施课程中的所谓"民主教学"，至今仍显得苍白无力。大家在研究语文课程，或者在研讨一节语文课时，更多地醉心于探讨技术成分和积累感性方面的认识，很少叩问教学"为了谁"，教学流程"依靠谁"，教学成效"谁怎样"。轰轰烈烈地上完了一节课，教师或许心满意足地感觉自己完成了教学目标，但对儿童在原有基础上又有哪些进步，不甚了了。

现在有越来越多的优秀语文教师开始意识到这一点，将语文教学研究的视角转移到儿童身上，把对语文课程的研究转化为对儿童学习特点的研究、理性指导并化为实际行为。于是，大家开始意识到，儿童具有自由生活的取向，生活中不仅有读书，还有充分运动、充分游戏、充分参与社会实践的权利。儿童具有好奇、探究的天性，学习过程中不仅有听讲，还有思考、提问、动手、交往等权利。儿童具有主动选择独特价值观的意愿，不仅可以在学习过程中吸纳、内化成人的价值观，而且被允许作为每一个儿童的独特价值和内在价值存在。教育不可能造就千篇一律的儿童，只能植根于儿童的差异之中，成就每一位儿童的个性、健康发展。以热爱儿童为至上品质，充分尊重儿童在学习过程中的诸多权利，是语文教学研究的新视角。

二、关注儿童的阅读视角

教师怎样才能带着文本走一条准确来回的路径，使得发生于课堂的现实能与儿童学习语文的实际真情相遇？我以为必须做到三个基于：基于语文课程观，基于儿童本位，基于文学审美。这三个"基于"，提供了文本解读的宽阔视野，促使教师能站在目标角度，寻找文本解读的准确支点，走出肤浅文本、肢解文本、误读文本等误区。

例如，学习《林冲棒打洪教头》的目的是什么？不言而喻，是为了让儿童了解《水浒传》这一古典名著，逐步喜欢阅读这部小说。而教学生如何阅读小说的情节，又是教学的另一目标。分析儿童阅读故事的特点：他们喜欢紧张、刺激的情节，但容易忽略情节塑造的人物性格、特点，以及对写作特色的关注。

在解读这一文本时，我们站在儿童的角度试想：他们喜欢哪段内容？能读懂哪个情节？读不懂和读不深刻的又有哪些？古典小说非常讲究人物亮相，初次登场，人物就性格鲜明地呈现在读者眼前。于是，教师觉得这一文本中第三自然段的写作特点要让儿童在阅读中慢慢领悟。

另外，武打场面谁不喜欢？《水浒传》中打斗的场面各有精彩，"武松打虎""醉打蒋门神""鲁智深拳打镇关西"等，但此打非彼打，每次打都有每次打的特色。应教儿童研究林冲"棒打"洪教头的精彩片段，琢磨这段语言文字是如何让"棒打"凸显俩人的性格，打出仅有的"一棒"的特点来的。让儿童通过比较发现，与夺人眼球的电视"武打"相比，语言文字更具独特魅力。这就是教学中要着力的地方。

三、关注儿童的自主建构

皮亚杰关于学习认知过程的剖析告诉我们，学习是一个对新知识认知、接受、吸纳的复杂过程。在这一过程中，儿童要将获得的信息与自身已有的概念进行"对质"，对已知信息进行质疑或关联，在断断续续改变的进程中，丰富并超越自身经验，连续优化而不断平衡及内化。在这一过程中，儿童原有的认知状态对学习效果产生较大作用，他将经历一个复杂的思维过程。

例如，我在指导学生学习部首查字法的过程中，深刻感受着这样的学习建构。

（1）学生对《新华字典》充满兴趣，这样的兴趣可以促进学生迈向新的目标——迅速掌握查阅字典的方式。这对学习活动具有明显的推动力。

（2）他们似乎通过很多途径，甚至是自我尝试，模模糊糊掌握了一部分查阅方法，这让他们信心十足。但从元认知的角度去分析，学生对查阅字典的初步印象反而成了其进一步学习的障碍。

所以，在学习部首查字法的过程中，我设计了共同学习和小组学习的教学策略。

在共同学习的过程中，师生一起了解字典的组成部分，了解部首查字法的基本步骤。这一过程进行得比较快，因为，很多学生迫不及待，他们内心深处感觉自己已经能独立查阅字典。这样的意念阻碍着进一步的学习。

小组学习中，采用会查字典和不会查字典的学生组合在一起的方式。很快，教师在巡视的过程中发现了问题。如，学生在部首检字表里查到汉字页码后，就以为是这个汉字的页码了。又如，有学生查不到汉字，因为他找不准笔画或数不准笔画。

在学生进行活动发生困难后，我取出共性问题，集体讨论解决。通过援助解决方法和体验解决问题的愉悦情绪，学生突破了认知结构中的障碍，获得了新知。

之后，我故意选取了一些比较难查的汉字让学生查，学习活动一下子有了难度，可学生进行得顺畅且趣味盎然，他们努力表现自己，力求获得良好结果。整个过程充满了儿童学习行为的有趣的复杂的表现。

儿童从他的概念出发，怀揣阻碍其进一步理解和掌握的意愿，等待解散旧有结构，建立新认知。教师无法代替儿童进行这一学习过程，不得不面对每一位儿童，强调已经掌握的知识点，过滤存在的无关信息，确立与儿童学习这一技能相关的元素，让他们想方设法去经历转变，在切身体验"错误"的过程中，认识问题，产生改变的意图。

四、关注与儿童民主对话

"教师对学生的倾听、理解、等待和帮助，是教学的关键。"教师要在充分了解儿童学习当前知识的经验基础上，提供儿童可以主动建构知识的情境和帮助。教师在教学过程中，如果真正研究了儿童，教学的气氛一定能生机勃勃，教学的效果一定精彩纷呈。学习情境的发生，是师生共同合作产生的。教学过程中依据知识内容生发的情境固然是基础，但弥漫着的基于儿童的学习氛围更为重要。开放教学空间、优化教学互动、生成教学资源，是展开民主教学的重要因素。

我认为，教师的智慧问答可以促成教学现场良好的师生对话氛围，起到即时评价，激发兴趣，引导、点拨学生继续深入思考，深化教学过程的作用。仍以教学《林冲棒打洪教头》一文进行探讨，可以就文章内容逐一提问，但若问得散、问得浅，学生人人能回答，热闹却激发不起讨论热情。我们可以立足整篇文章，抛出最值得研读的三个问题：洪教头有没有本事？他为什么会输？他输在哪些方面？从洪教头一心想要"棒打"林冲，到最终林冲只"一招"就"棒打"了洪教头，将整个打斗过程研究得彻彻底底。教师和学生边读边聊，你一言我一语，学生总能接过别人的思维成果继续发表自己的观点，教师只在关键处加以引导、点拨、修整，这样带有极强逻辑性的问答营造了一个激情投入的讨论场。

发展性问答则更能激发儿童的思维碰撞。当讨论遇到困难或者误入迷途时，教师理应做出恰当反应，通过追问、转问、探问、反问等方式，给予学生思考的时间和空间，耐心等候最终的"云开雾散"。

例如，学生初步阅读《林冲棒打洪教头》，在初次回答"洪教头为什么会输"这个问题时，一般都以为洪教头输在武功不如林冲上。这种认识显然是片面的。教师没有急于否定学生的第一答案，也没有急于追问"还有什么原因"，而是转问"两个人的招式"，追问招式的优缺点，探问招式中隐含的心理活动。层层剥笋，学生很快就懂得了洪教头还输在狂妄、自大、急躁、轻敌、贪财等性格特点上。教师此时提高问题难度——"洪教头仅仅是武功不如林冲吗？"学生脱口而出"人品、心态都不如"的感叹！其思维的准度、深度都达到了一定水准。

总而言之，小学语文教学的"意·创"之法从研究学科本身转向研究儿童本体，将课程研究深深"嵌入"对儿童的理解之中。这是语文学科在实施"民主教学"上进行本质转型的关键所在。

　　"意·创"视角下的语文课程价值，具有哲学层面上的文化取向。一般的理论可以把课程归纳为六种文化：一是传承经典，二是传授技能，三是培养人性，四是职业准备，五是社会政治，六是批判反思。义务教育阶段的语文课程经常有"工具论"和"人文论"之争，事实上这是语文意义建构缺失所引起的误解。社会建构主义理论明确指出：语文具有社会性功能，人类之所以能进化，一个重要原因是人类除了有语言，还有记载语言信息的符号工具。没有语言和文字，人类文明不能得到创造和传承。同时，语言又是人类思维表征的一种形式，在相互依赖的社会情境里，语文的工具性和人文性是同时存在的。如果工具性和人文性对立起来，就会异化成课程机械主义。

　　课程是一种广域概念，可以理解为教育的轨道，也可以理解为学生发展的可能性平台。课程文化的分类是研究课程设计的主观性分类，各类是交集的，不是割裂、排斥的，是融合关联的。从教师的"教"走向学生的"学"，是课堂转型的永恒主题。语文不是"教"出来的，而是学生主动参与学习，经历意义建构的生成过程。了解儿童、了解教学状态、了解语文学习的境脉是实施小学语文"意·创"之法的逻辑起点。语文教学改革的探索之旅要从儿童的心灵世界出发，建立一个师生探究生命意义的语文意义建构共同体，用整体教育的思维创造一个语文课程改革的美好明天。

第一节 "课程的语文"教什么

语文课程改革赋予教师课程权利，提倡教师要强化语文课程意识，提高课程开发素养，在教学过程中主动实施课程权利。但事实上，这样的一个合乎教育教学规律和学生发展规律的要求，至今未能在实际教学中被大多数语文教师有效应用。即便是优秀的、富有个性的语文教师，也存在着这样一个难以解决的问题。当前，围绕着语文到底"教什么"的问题展开的激烈讨论，说到底是"课程的语文"是否要取代"教师的语文"的观念讨论和行动风标。

一、关于"教师的语文"

长期以来，教师凭借个人的知识、能力、态度从事教学，在语文教学中，教学实效依赖教师对文本的解读、在教学现场的处理机智和对学生问题的诊断能力，教师风格和教师个性在很大程度上影响着教学走向，一些优秀的语文教师优化了课程，而大多数语文教师因为这种随意与个性化努力的需求，淡化了对语文课程的关注。这样的语文，王荣生教授称之为"教师的语文"，并认为，这是由语文教育60年的理论争鸣和对语文课程标准的诸多条目解释不确切造成的。

1. 工具性与人文性

一位优秀语文教师在博客中这样写道：

工具性？人文性？语文教学在轮回中摇摆。

也许，中庸的人会说，这还不简单，人文性和工具性两者有机结合。一点都不错，然而，现实教学中，要做到结合，并且是有机结合，难度太大。

90年代初期，语文教学曾经十分强调语言文字训练，愈演愈烈的最终，是将我们的课上成了"分析+贴标签"式的模式化课堂，僵化的分析和冷冰冰的思想品质归纳让语文索然无味。

之后，在关注语文教学人文特性的旗帜下，新课程改革促使语文课堂充满了情感的波澜，拼命煽情，课文可以学得让人唏嘘不已，甚至催人泪下。出现了两种极端：一是教学手段五花八门，媒体运用泛滥；二是练习朗读，以读代讲，甚至一读到底。其结果是教归教，考归考，语文综合能力不在课堂上培养，语文成绩要靠课外练习提高。

问题凸显后，语文教学又有了关注语言文字的呼声，语文教学开始探讨摒弃繁杂手段，以朴实教学教学生语文的尝试。

但不能走回头路。

从这段文字中，我们可以强烈地感受到语文教师在认识语文"性质"这一问题上的左右摇摆。这一摇摆不定使得很多教师对语文教学的年段目标、课时教学的三维目标，也产生了把握上的摇摆不定。

2. 阅读取向

在阅读教学中，始终存在着阅读姿态、阅读方式的取向问题，语文教师自觉或不自觉地接受着语文阅读取向的影响，乃至影响自身对文本解读的方式。王荣生教授论述道："目前在语文教学实践中，至少混杂着四种取向的'阅读'，一是概括段落大意和中心思想，寻求'思考与练习''正确答案'的'作业者'取向；二是以分析课文形式为主，归结为生词、语法、修辞、章法的语文教师'职业性阅读'取向；三是遵循2000年《大纲》，以'诵读'为主要样式的'鉴赏者'取向；四是2001年《标准》所倡导的'感受性阅读'，在教学中表现为对'讨论法'的倚重。"这段论述非常精辟，一语道破了当前许多语文教师所经历的阅读取向转型，无所适从的感受伴随着许多教师的默默转变。学生也因此被有意无意地置于这样的相互冲突、相互干扰之中，无法形成一以贯之的良好阅读方式。

3. 利用教育资源

语文课程提倡充分利用有效的教育资源为学习服务，信息技术、网络媒体为语文课程提供了丰富的物质基础。所以，从新课程实施的一开始，大量运用教育资源的举措为广大语文教师最早接受，并通过优秀教师的公开教学、讲座、示范等方式传播。然而，在资源运用过程中，盲目滥用现象愈演愈烈，造成了比较严重的后果。一是大量未经选择的补充材料挤占了语文课堂，浪费了宝贵的教学时间；二是弱化了语文学科的本职功能，泛化的教育资源使得语文课肩负了很多其他学科的教学任务；三是搜集资料、演示媒体等手段滥用，忽略了教师、学生作为"课程资源的生命载体"的生成作用。这种现象的发生，说到底，是大多数教师缺乏课程意识造成的。当许多教师开始思考课程资源的筛选机制时，不良后果已经有所显现。

二、关于"选文教学"

我们的语文教材是"文选型"，因而往往用语文教材顶替语文课程，课程的具体形态被淹没在教材层面。在这样的状态下，语文课程内容被直接转化为语文教学内容，教师体现主动性和自觉性的"备课"被局限于对教材的深入钻研中，驱动教师关注的是教学结果的显性表现，而不是需要学生长期积淀才能获得升华的语文素养。

1. "教什么"的"内容"

目前，语文教师的备课精力主要花费在"教什么"的"内容"上，凭教参设置学习教材的目标，凭教师的个人水平理解文本的显性内容、揣摩文本的隐含内容等。

以教师的博客加以说明：

目前，语文课堂中充斥着对文本内容的理解感悟，教师对文本内容的解读不可谓不到位，传达给学生的手段不可谓不到位，然而，除了一部分本身具有一定深度的教材能给学生带来真正意义上的提高之外，不少浅显易懂的教材，由于教师只围绕内容进行教学设计，学生所得甚少，课堂教学显得肤浅、平淡，虽然情感体验、表情朗读到位，但学生的思维训练、表达能力、阅读基本功等却下降了。

用王尚文教授的话来说："语文教学的弊病，我以为病象虽在'教学'，病根却往往在'语文'，'语文'缺乏一定的根底，'教学'往往会越研究越糊涂，甚至还不如不研究好。"

2. 研究学生的不同方法

教师是一定要研究学生的，一种教师站在课前研究学生，目的是提高课堂教学的效率；另一种教师也在了解学生的学习水平，但其主要通过看学生的课后练习，大量的作业信息也促使教师有意无意地掌握学生的学习情况。

一位教师在博客中写道：

我反复上了两次《番茄太阳》。

有一节课，学生的理解不够透彻，然而，随着深入，情感到位了，朗读到位了。他们不聪明，但感性。

有一节课，学生的理解"踏点"准确了，深入了，然而，他们置身课文之外，冷静地做着旁观者。他们聪明，却不感性。

真是形形色色的学生群体。

同一份教学设计，对于不同的学生群体，教师感受到不同的教学效果，这种感受会让一部分教师去思考如何及时实施监控中的调整，而另一些教师就放任自流了。但即便教师进行有意识调整，这个过程也非常艰难。

下面这篇博客就形象地说明了这一点：

我这次去上《宋庆龄故居的樟树》一课，让我背上冒汗的是，对于这些农村孩子来说，整个教学设计的起点太高了。我在课前10分钟接触学生时，发现他们理解文字表面意思都有困难，课上我虽一再降低朗读要求和提问难度，但学生的表现依然告诉我，我的要求太高了，他们学习有困难。可我的目标已经设定，一时无法改变。

教师对学生的诊断能力是保证教学目标顺利达成的重要因素。学生的差异性非常明显，如果大脑中根深蒂固存在着主观臆断学生状态的问题，高起点地认为学生有良好的学习前置条件，有较强的学习能力，教学设计一般设计中等程度的问题，在教学研究课上还喜欢研究有难度的问题，那么，每个班级中学习水平较低的那一部分学生将在长期的、无法接受的教学中逐渐拉开与教师要求的差距，拉开与其他中、优等生的差距，成为课堂教学中被遗忘的"一分子"。他们的存在，势必导致课堂教学效率的低耗，课业负担的加重，教学质量的滑坡。

3. 教学设计

博客1

听课后进行了讨论：

预设要到位。没有预设到的，教学时需要不断进行调整，这样的要求很高。

情感要到位。不到位时的分析会僵硬成"贴标签"。

分析要到位。光找关键词句，没有深入表达的，会"浮光掠影"。

提问指向、教学语言、教学机智等等，仍是教学者把握课堂、引导课堂之关键。教者的素养啊！

博客2

教师用自己对文本的研读所得代替了学生的研读。由于知识水平和阅历经验的局限，在很多文本的呈现过程中，学生常常不可能达到教师所期望达到的认识水平。不同年龄段的学生年段学习目标也不同，教师不能准确把握好，拼命将高一层次的目标下放到低一层次，造成知识点的过于集中，学生无法消化。这种现象表现在文本研读中，常常是教师想方设法让学生掌握，而学生举步维艰，归根到底是缺少学生主体意识。

第一篇博客说明了教师对教学设计的多方位关注，方位越多，课堂教学承载的任务就越多。第二篇博客反映的恰是当前阅读教学中普遍存在的现象，在公开教学中表现尤甚。而教学设计越精益求精，就越依赖教师和学生的实际水准。如果教师的个人素质、把握课程的能力达不到依赖的水准，如果学生听说读写能力的实际情况与设计相距甚远，那么就不可能产生有效的教学内容。

三、关于"课程的语文"

"语文教师当然要教语文课程，学生当然要学语文课程里的'语文'。"在课程标准的条文规定尚缺乏确切解释的情况下，语文教师要努力地做"课程的语文"，阅读取向首先要考察与课程目标的关系，在课程标准指引下，进行目标、内容与教师风格、个性的双向或多向互动，教师研读文本、研究学生、创造性开发教学内容等行为，与由此关注和展现的结论，都要自觉符合语文课程的标准。

1. 将语文教得简单一些

简单不是马虎，简单不是随意，简单更不是肤浅。我把它称为"高位简单"，是"剪枝的学问"！

加与减，有剪裁。教师胸中先有课程标准，再有文本的深入把握，依托文本，超越文本，加减自如，平实自然。

厚与薄，有分寸。带着文本，在钻研中走一个来回，将文本读厚，读出文本中没有体现、但为"我"所用的东西；将文本读薄，凝练最精华的内涵，给学生最实在的教养。

简与繁，有法度。删繁就简，让教学线条优雅精致，学生一课一得，逐步积累，单纯而有益处。

动与静，有韵致。课堂上不一定都是书声琅琅，不一定都是小手如林、振振有词，语文的韵味还可以在静默的思考与流畅的书写中闪现出来。

入与出，有拿捏。教师既要带领学生进入文本角色，体验文本蕴含的丰富情感，也要带领学生走出角色，高视角审视文本，在思维的深刻性上下功夫。

显与隐，有讲究。文本如同山水，太过直白，没有看头。语文的美感，在于教学设计中显性内容与隐性内容的分寸把握，让人意犹未尽，兴致盎然。

少与多，有明了。每一个学生在每一节课中能得到什么，多得与少得，得到什么程度，教师应该了然于胸。

简单，是教师历练后的提升；简单，是复杂背后的升华；简单，是扎实有效的透视。

2. 语文课要有思考的声音

语文的课堂应该听得到思考的声音，这是解决语文教学重文本内容还是重语言表达形式的争论的重要方法。任何文本都是内容与形式的结合。教师面对一篇文章，如果能既关注文本内容又关注文本的语言表现形式，那就能为教师深入钻研教材开阔视野，使教师更好地解决"教什么"和"怎么教"

的问题。

关注言语表达。从中高年级学生的学习水平与学习能力来分析，恰当地、必要地传授言语表达形式方面的知识，有助于学生深入把握文本内容，提高语文学习素养。

引导深度阅读。从形式与内容两个方面引导学生感知、品味、领悟课文语言，"把第一眼看去平淡无奇的东西，玩味出隐藏的妙蕴来"，学生会在阅读过程中，获得发现的乐趣，产生深入阅读的兴趣，体验深度阅读的快感。毕竟言语形式的东西，其难度与广度要远远高于内容本身，学习更富挑战性，思考更具深度。

拓宽思维经纬。以语言内容为经，以语言表达为纬，教学内容就是语言表达的精确妥帖，实现内容目标的过程就是实现表达目标的过程。课堂要书声琅琅，要情感丰富，更要听得到思考的声音，只有高位追求，才是精彩的语文课堂。这些要求是站在一个新高度提出来的，对于教师来说，同样富有挑战。

3. 从学生的认知经验出发

把握学生、研究学生经验，即把握学生的身心发展规律、知识背景、认知水平、生活积淀、可接受与可发展的差异等。经验探讨是有效学习的又一起点，以学定教，教学的最终落脚点在学生。

如何去理解学生经验？要研究学生获得学习经验的相关因素，研究学生在获得知识时的思维方式和过程，以及自主建构的形成规律。个人在生活学习中获得的经验，当然是学生经验的重要内容，但除此之外，学生的前备知识，即已有知识结构也应归入学生经验之中，教师需要研究不同类别学生面对新知识时已经达到的不同知识水平和知识准备。不能忽视研究学生对知识表达的"方式解读"，这一点尤为重要，即我们经常说的，用儿童的眼光去审视教材。

学生的学习经验是怎样的，教师就研究怎样的教学设计，过去的教学设计可能注重形式与手段的表达，但形式探讨不是标准，形式取决于内容，也取决于学生经验。适合才是最好的，不同的内容选不同的形式，不同的学生选不同的方法，教学手段才能体现高效性，体现为学生全面发展而教。

研究学生经验，可以有以下途径：

从学生提出的问题中发现学生理解教材与教材本身、教师视角的区别。

从学生对某个问题的答案中，发现他们对某种知识、某种问题的理解与教师的差别。

从面对同一个人、同一个事件中，发现他们的价值观念与成人价值观念的区别。

总之，小学语文的"意·创"之法就是置于课程之中。语文课程，让我们站得更高，看得更远。

第二节　从教师"教"走向学生"学"

当前,学习单、导学单、活动单等做法层出不穷。很多骨干教师在课堂上尝试把话语权和主动权交给学生,让学生提问,甚至追问,让学生讨论,然后交流。顺着学生的思路来上课,成了教学改革的风向标。

导而勿牵,是教学成功的真理,我们并非不知道。然而,作为具体教学的实施者,在实际问题面前,常常无所适从。对于学生了解有多少,对于自己的驾驭能力有多少,说起来大家还是有些心虚的。在设计教学时,谁不想顺着学生的实际情况来,但总是难以恰到好处地相机点拨。也或者说,如果能做到真正意义上的相机点拨,也就做到了以"学生的学"为主了。

所以,即便是在特级教师的课堂上,我们看到了以学生的学为主的具体形式,比如,把话筒交给学生,把教师的角色交给学生,把追问的权利交给学生,把讲解的权利交给学生,但依然给予大家牵着学生鼻子走的遗憾。学生木愣愣地无所适从时,我不禁在想:这是基于学生的学习经验吗?这是顺应学生的学习特点吗?这样的"学生的学"不仅浪费了大量宝贵的教学时间,还让更多的学生不知道该学习什么。

小学语文教学的"意·创"之法由教师的"教"走向学生的"学"的变革过程中,有这样几个问题,值得关注和探讨。

一、了解教学状态

关注学生的学,固然非常重要,但绝不是今天专家有了这个呼吁,大家有了这个意识,就可以马上放手一搏的。我们需要冷静,需要慢慢来,让教师有个适应变革的过程，有个准备投入的过程，有个慢慢改变的过程。

意识决定行为，行为依靠能力。教师要真正做到让学生带着兴趣、问题和求证走向教师，改变的不仅仅是课堂教学的形式，更要改变的是教师学习的状态。开放自己，站在学生角度思考，和学生一起学习，等等，都是由教转变为学的方法。

每个教师对自己通常使用的教学模式要有一个清晰的认识。在这一点上，数学学科教师要比语文学科教师清晰得多。对于语文来说，第一教时的教学效率高，原因也在于此，有明确的教学程序，一般不会因为教师教学水平存在差异而产生差异很大的教学效果。第二教时就不同了，不同文体、不同阅读姿态、不同年段都会影响教学效果。建立基础性教学模式始终没有引起语文教师的重视。

在建立了基础性教学模式的基础上，我们可以进行拓展和研究，研究哪些环节或者程序可以放手让学生自主学习，可以让学生跳一跳摘到果子，从而激发学生后继学习的动机。此时，我们才能将研究的重点从教学模式转移到学习模式。

二、掌握学生的学习特点

课堂上，学生的学习活动是达成教学目标的主要手段。"只有学习者才能对新信息进行整合，以赋予这些信息一个与先前心智结构的整体组织仍具兼容性的意义。"学生在学习情境中，要进行自我建构、自我表达、自我对质，学生要对自身、对自己知道的和不知道的事情或内容提出质疑，从而进行超越、丰富结构、自主变形结构，最终建立新的认知结构。

在这里，有两个基本点很重要：

1. 一个优化的教育情境比认知本身还要重要

让学生调用固有的知识，在同伴学习中，提高学习能力，产生良好情绪。学习的过程，理应充满学生学习行为的有趣的复杂的表现。学生从他的概念出发，怀揣阻碍其进一步理解和掌握的意愿，等待解散旧有结构，建立新认知。教师不得不面对每一位学生，想方设法让他自己去经历转变，而无法代替学生进行这一学习过程。

2. 学生产生的"错误"资源比告诉正确答案更重要

触发"错误"产生，利用其引发深入学习的动机。在学习过程中，教师要确立很多与学生学习这一技能相关的元素，放大已经掌握的知识点，过滤存在的无关信息，让学生在切身体验"错误"的过程中，认识问题，产生改变的意图。

我曾经听一位教师上《枫桥夜泊》赏析课，学生把"霜满天"作为诗歌描写的景物。教师没有直接否定这一答案，而是让学生进一步思考：作者能见的应是"秋霜满地"，却为何写成"霜满天"？一问打开了学生思维的方向，学生将"秋霜"与"心灰意冷"联系起来，感受到作者因心冷而感觉满天是霜的情绪，很快把握了诗歌的意象。这样的点拨，促进了学习意义的产生。

三、注重课程研制和教材开发

用语文课程观指导教师决定语文教学内容，不仅要求教师沿用和呈现教材，还要求教师重构教材，即处理、加工、改编、增删、更换教材内容，并在师生互动的教学过程中生发、创造教学材料。

这样要求的课程研制、教材选择，在一些优秀教师的课堂教学实践中可以得到很好诠释。例如，薛法根老师执教《猴子种果树》一课，文本作为教师研制课程内容的样本，得到了重组与发挥。薛老师设计的教学目标之一是指导二年级学生借助文本学习听、讲、编故事的能力。在学习讲、编故事的过程中，教材本身只成为教学的一个成分，同学生学讲故事、续编故事的过程一起，形成适应教学现场的"教学内容"。在这一学习情境中，薛老师发挥了对学生的引导与激发作用，用"优秀、更优秀、不得了、了不得"等鼓励性语言指导学生参与教学活动，重构了教材内容，呈现了生发的课程内容。学生即兴创编故事，兴致高昂，体现了从生疏到熟练、从怯懦到踊跃的学习过程，教学内容包含了教材之外的动机引导、方法指导和价值判断，课程内容被宽泛地确定了下来。

薛老师作为一位优秀的特级语文教师，凭借高超的教学技艺，巧妙地运用了教材，使之成为心中"课程语文"的优良选文。然而，多数教师做不到这样，抑或有了课程的意识，急于表达，将语文课烧成了不生不熟的"急火饭"。

1. 澄清课程概念

因为有了"语文课程内容"的概念，在实际教学中，教师常常纠结于它与"语文教材内容""语文教学内容"之间的区别，在研究"选文"和研究教学设计时，也总是把握不定其中的关系，常常茫然不知所措。

2. 明确"选文"的目标指向

教师研究"选文"，目前有两种情况：一种是把"选文"内容当作课程内容，教选文就是教课程；第二种关于语文的基础知识被包容在选文的学习之中，语文技能的培养也依存于选文，选文是语文学习的主要途径。

3. 摒弃"个性化"的变革

"教教材"的形式没有了，却换成了"个性化"的教学变革。语文学习始终还是存在着半自然性。课程内容的笼统，教材在确定性上的简陋，最终导致教师在一篇教材面前还是进行着个人化的诠释。同一篇教材在教学上的阐释与变异，基本还是基于个人的理解与研读。最终，教师的个人性的即兴反应代替了专业反应，生产出的课程内容还是不自觉的、无理据的。

看来，教师参与课程研制与教材开发，光凭个人的经验与技艺远远不够，在目前情况下，尚需语文教师的团队力量和整体提高。

四、创设适切的语文学习情境

语文学习情境的创设，是关乎学习主体整体性发展的重要因素。在情境中，学生的多感官被协同调动起来，通过对课堂教学呈现的氛围保持融通，将可感觉、可欣赏、可理解、可表达的内容，与身体的各类活动紧密结合起来，并拓展开去，形成语文学习的有机整体。

我曾经听过一位刚踏上工作岗位的新教师上一年级的识字课。她按照自己学习语文的经验教学生认字，反复认；教学生组词，逐个组；教学生写字，逐个范写，不可谓不认真，学生也不可谓没学会。然而，着眼于认字、组词、写字的单列环节将课堂氛围营造得死气沉沉。学生在单调重复的学习过程中，逐步丧失了对学习的兴趣和创造性，语文学习变成了机械行进的模型。

出现这样的僵硬状况，是新教师教学经验不足造成的，但不得不引起重视的是，课堂教学中与学生学习相关的生存环境、时间场景、情绪状态等，常常成为被教师忽略的重要内容。于是，学生自主学语文显得了无生趣。

1.情境促进学生学习语文的心智整体发展

人的情感先于认知的发展，"身体在不同环境中的情态呈现绽露出蕴含于其中的生机，有阴阳不测，变化之妙"。语文教学中，教师通过肢体、语言、表情等，尽情表现教学行为的独特气质，促使教学形成柔性的、自由与爱的世界。此时，教学走出了狭小的空间，使学生形成与教学情境相吻合的体力投入和智力光芒。人与文本走向融合，形成完整发展的整体。

2.情境更多地体现了对学生的包容

教师与学生之间的相互包容，可以生成自由、民主、平等的氛围，促使学生产生对语文教学主动吸纳、主动发展的旨趣，有利于建构学生自己的学习方式。情境让学生从当下课堂的处境中，积极表现自己，深入展开话题，最终达到对语文知识的主动建构。

3.情境更利于学生的情感释放

在语文教学中，情感共鸣对文本理解起着至关重要的作用。作为释放身体能量的重要手段，在学习过程中，创设的学习情境可以引发学生美好的感受，使其情不自禁地将语言文字符号转化为自己的经验体会，从而弥补因为生活狭窄而造成的学习困难。教学因为情境产生行动，发现并发展学习的能动性。

小学语文教学的"意·创"之法站在儿童立场，以认知心理学作为观念的基础，研究阅读姿态，援助学习状态，形成学生自主学习的整体情境。只有这样，由教师的"教"走向学生的"学"才会真正落到实处。

第三节　教指向学科核心素养的语文内容

2017年版《普通高中课程标准》就学科核心素养给出了明确的命题，认为"学科核心素养是学科育人价值的集中体现，是学生通过学科学习而逐步形成的正确价值观、必备品格和关键能力"。语文学科核心素养是"学生在语文学习中获得的语言知识与语言能力，思维方法与思维品质，情感、态度与价值观的综合体现"。小学语文教学重在打下基础的同时，为学生未来可持续发展做好准备。

小学语文教学的"意·创"之法，旨在以"创"促改，以"创"促新。放弃语文学习死记硬背，杜绝语文知识生搬硬套，减少语文训练机械重复，以学习者为中心，以核心素养为本，实施大观念、大任务、大情境、大问题的教学。教师借助文本，又超脱文本，在不断创新教法、突破模式化教学的过程中，培养学生分析、理解、体会、比较、整合、运用等语文高阶学习能力，提高其感悟语言的敏锐度，激发共鸣，形成以阅读丰润内涵的自我提升机制。

一、传承与理解文化，以语文学科核心素养为指引，提炼大观念

小学语文"意·创"之法以传承祖国悠久文化为己任，培养学生热爱祖国语言文字，运用母语表情达意。这是语文学习的终极目标，是一个人自我阅读、自我修养的必需。这是聚焦语文核心素养的大观念，能引领教师透视所学习的散点内容，将目光聚拢于学习的真实意义，由此组织更具广阔性的探究主题。这样的大观念，至少具有以下特质：

1. 有超越内容的教学

虽然语文教学以单元选编教材为主要学习内容，并实施流程式教学，但并不意味着仅仅以文本为主要学习内容。将大观念的教学思想居于学科中心，探讨文本内容与学科素养之间的关系，设计过程突出探究理念，设计主题指向学生的言语建构和运用，并通过具有一定开放性的评价手段来考量教学效果，着力在能力上而非个别知识或者教材内容上。

2. 有简约教学的思路

对语文教学内容的取舍一直是困扰教师进行教学设计的主要问题。将呈现在眼前的文本浓缩成教学流程中的每一项具体内容，关键在于如何抓住语文学习的本质。用大观念统领知识呈现的过程，就能引领教师不单纯依靠记忆和理解来完成教学任务，感悟和思维将成为语文教学的主要突破点。

3. 有迁移学习的过程

大观念要求学习有"很大的迁移价值"，只有习得的知识可以在实际发生的情境或者类似的情境中被自然而然运用时，知识才算真正获得。所以，在语文教学中，教师常常需要瞻前顾后，基于课程标准，通篇或者整合单元内容设计主题，前后关联，以备设计可以反复迁移的学习内容，或者选择可以读写运用的点进行连接，让事实、信息、经验与技能更具意义的广度。

二、鉴赏与创造审美，以语文学科核心素养为指引，培育任务群

人对美的鉴赏与创造，体现了个人运用知识与技能的综合能力。在个人知识的框架中，除了知识体系外，还有获取知识的能力以及对待知识的情感、态度、价值观，整合起来，具有丰富的内涵与意蕴。语文学科核心素养是学生在积极的语言实践活动中积累与构建起来的。这一行为，不仅有知识本身的体现，还有逐步转化的智慧、能力、美德与品质，这样的转化过程具有创造审美的力量。

小学语文"意·创"之法注重创设真实的语言运用情境，让学生在群体的学习氛围中，打破传统的教学模式，形成语文学习的多项目标，集结成促进学

生主动进行言语实践与思维的任务群，即所谓的项目化学习。

1. 任务聚焦

语文核心素养对于审美的整体追求，决定了其不可能在单一的学习状态下去孤立完成。记忆、理解、感悟、辨别、鉴赏等能力需要在适当的情境中被同时训练，虽然未必同比成长。例如，在进行说理文的教学中，将学习任务聚焦在培养学生以概括的语言进行例证这一任务上，并不等于就只是学习一篇例文的论据，弄懂例证这一文体知识，而是将论点作为一个情境任务的主题，集结多个事例，唤醒获得的实际经验，由扶到放地完成学习任务，实现知识的学习、巩固和创新能力培养。

2. 群文阅读

在一个持续的时间内，围绕一个或若干个主题，组织学生阅读多种文本的方法，已经为广大教师所接受。群文阅读是小学语文"意·创"之法的重要策略之一。在具体实施过程中，要预防盲目补充或者放任自流的做法，因为不切合学生学习实际的群文阅读会在无形中增加学生的学习负担。第一，要进行基于审美目标的梳理、筛选、整合；第二，要与当前的语文知识学习有一定的拓展联系；第三，阅读指导要加强。应设置合理的阅读任务群，选择探究主题，适当采用比较差异的方法，引领学生运用正确的阅读方式，逐步形成自己的阅读品味与审美取向。

3. 情境学习

教师注重过程的引导，通过特定的情境，调动学生多种感官参与，使学生在体验语言描述情境的同时，感悟、再现、想象、整合等高阶思维能力同步得到提升。例如，在教学《绿色的和灰色的》这首儿童诗时设计了童话剧表演。于是，无论是表演前师生一起朗读课文、理解内容、涵泳文字，还是使用道具、生动演绎、讨论评价等，都围绕帮助学生合作完成童话剧表演这一任务展开。以情景任务完成的流畅度和达标度作为结果标志，清晰的主线和再现的情境让直觉感知一目了然，让概念化的知识得以内化，也让信息处理与自主表达得以实现。

三、建构与运用语言，以语文核心素养为指引，组合知识群

核心素养离不开知识学习。但是，仅仅为了知识实施的教学是培养不出核心素养的。应以语文核心素养为指引，将小学语文"意·创"之法的目标指向建构与运用语言这一核心知识教学上。什么是核心知识？核心知识是指在学科知识体系中，具有核心地位、能广泛运用、迁移性强的基础知识。将核心知识作为语文创意教学的重点或者难点，就能集中教师的智慧，引导教师跳出单一思维的框架，提炼出知识群，实现核心知识在大脑中的结构优化与融会贯通运用。

1. 实现基于核心知识的整合设计

当前的知识教学普遍存在三种状态：第一，知识教学窄化为具体知识的教学；第二，知识教学退变为符号形式的教学；第三，知识教学拘泥于知识本身的教学。要改变这种固化的、僵化的、贴标签的知识学习，就要教师转变知识教学时的思维结构与思维方式，做到整合学科内容，让知识教学前后关联；活化学科内容，让学生在实践体验中内化所学知识；迁移学科知识，让学生在解决问题或项目学习中激发知识质变；给予时间与空间资源，让学生自主建构、自主表达，持续发展自己的知识结构。

2. 再现基于生成样态的知识教学过程

要想方设法让知识学习的途径多样化，有效触发学生内在的学习动机，增强学习成果。知识具有情境性，需要教师创设具体的学习情境，让学生有解决问题的可能；知识具有建构性，需要教师梳理知识的结构，整合细碎的散点知识为模块，达成知识传递的原理；知识具有默会性，需要教师构建符合学生心理特点的学习秩序，逐步提高学生自我反思的学习能力；知识具有实践性，需要教师重视实践性知识的运用，寻找教学内容与真实生活之间的联系，启发学生运用所学参与生活、经历生活。

3. 落实具有知识图谱的学情诊断系统

信息技术手段的广泛运用为个性化推送知识学习提供了技术支撑。教师要在整体理解课程标准的基础上，集团队力量，抓住知识的主干部分，编写适合

学生的知识题集，并运用学情诊断系统再现学科知识图谱。学生能及时从系统中得到适量的知识题集，及时弥补知识缺失。这样，学生对于获取知识就有了更多信心，积极性也会有所提高。

四、发展与提升思维，以语文核心素养为指引，强调问题学习

解决问题是语文学科落实核心素养目标，引导学生习得和建构核心知识的主要手段。问题质量的好坏，体现在引导和提升思维诸多品质的本质不同上。教师需要思考如何设计问题，使问题指向高阶思维的运用和发展，从而让学生高质量地建构和获得核心知识。同时，教师自身的思维品质与解决问题的方式，也在一定程度上影响着学生的思维品质和解决问题的效度。

1. 整合问题，指向语文学科本质

当前语文教学中的碎问碎答，大多是缺乏学习中心的原因造成的。学习的中心是什么？一是学科的本质。语文学科的本质是学生学习和运用祖国语言文字的最广泛、最强有力的普遍规律，即学科思想、方法和知识。二是学生。学生居于学习的中央，其获得学科本质规律的层级架构，体现了不同年龄阶段的最近发展区。小学语文"意·创"之法要求教师把握学科本质，将学科内容进行有效整合，以精当的大问题作为统领，产生具有逻辑性的子问题群，逐步递进，向核心知识纵深。

2. 有效设计，创设问题解决场景

整合出来的问题最好能在合适的问题解决场景中加以展开。这样的场景在语文学科中唾手可得。因为文本所描述的内容多以情境状态呈现，教师要善于做到：与生活经验相结合，唤醒学生已有体验，与文本形成契合的感悟场；组织解决问题的活动教学，启迪学生运用默会知识，进行个性化的介入活动。在合适的场景中，知识的还原活动、探究时的建构活动、反思中的概括提高，都让学生的思维品质和自我成长能力得到了锤炼。

3. 强化序列，突出问题群逻辑

子问题群是核心问题的层级性具化，其中必然具备一定的逻辑关系。

文本内容的逻辑、学习心理的顺序、教学对话的规律，都是小学语文"意·创"之法需要注意的问题。实施问题解决的整合性教学时，要对活动进行序列化设计，保持核心素养内容、知识内容、活动内容三者同构，即目标的内容化、内容的问题化、问题的序列化、问题的活动化，四者适切转化，能优化教与学的过程，最终引导学生在解决问题的活动过程中发展学科核心素养。

第四节　教指向高阶思维能力的语文内容

教育的基本思路是培养思维能力，这是共识。思维能力存在低阶与高阶之分。我们把简单对话、重复操练、记忆领会时的思维模式称为低阶思维。与之相反，学生在教师引导下，运用一定的思维策略，进行问题探究、深入思考，在复杂的情境中完成创新的任务或者项目，达成的才是高阶思维的训练目标。

不容乐观的是，目前小学语文教学的很多设计是在引导学生进行简单的思维。小学语文教学的"意·创"之法从培养学生高阶思维的角度来审思教师的教学，重新定位教学目标，改进教学活动，是小学语文教学改革走向深层次实践的重要内容和重心转移。

一、小学语文教学忽视高阶思维培养的现状及其成因

1. 教学视野的不开阔导致封闭式教学，学生思维处于被动状态

长期以来，语文教师习惯将语文教学看成一个可控的独立的空间，目标、内容、方法、过程、评价等自成体系，形成内部运作的循环系统。语文课程改革讨论的话题也始终就课程内容的文本解读、目标设定、教学过程、教学评价等展开。即使研究学生的思维品质培养，也局限于从教材角度来展开，虽有所丰富，但远远缺乏提供任务的广阔空间。

高阶思维的一大特征是开放性。研究者认为，只有开放的系统才能与外界环境进行物质、能量、信息交换。语文教学要培养高阶思维能力，就要语文

37

教师跳出语文本身，提供更为丰富的情境、更多实践的任务，让学生接触新鲜的空间，结合所学所知，不仅记忆理解，而且探究发现，运用知识技能对话事物，探索未知。

2. 教学内容的不确定导致碎片化教学，学生思维处于散乱状态

长期以来，语文教学一直在讨论"教什么"的问题，并就不能仅仅教教材内容这一观点达成共识。其本质是可持续语文能力和语文素养培养的诉求。然而，正因为语文教学内容的不确定性，导致教师把握教学目标摇摆不定或是模棱两可。其中最容易被忽视的一点，就是培养学生高阶思维的能力。

例如，在低年级语文教学中，随文识字是惯常使用的教学方式，它的诸多好处不言而喻。但是，随文识字运用不恰当，会导致鸡零狗碎般的碎片化教学，没有整体观念。教师带着学生逐句阅读文本，并依据自己的设想挑选字词句进行花样翻新式的教学，教师教得十分忙碌，学生学得也十分忙碌。却不知，养成这样阅读的习惯，是非常不利于学生思维整体性、系统性、连贯性等的培养的。而这些思维品质对可持续学习能力的发展具有重要作用。

由上述例子可见，教学内容的随意性不利于每一课例教学对思维品质的培养，更不利于顶层设计促进思维发展的完整体系。

3. 教学手段的不创新导致流线型课堂结构，学生思维处于静止状态

思维具有复杂性。学生在参与学习实践的过程中，光有自我学习形式和师生对话式学习是远远不够的。高阶思维依赖情境的复杂，依赖任务的创新。只有在交互式的学习方式中，学生才有可能通过多种形式的实践活动，不断运用已有认知去解决学习中产生的真实问题和任务，伴随自身认知结构的提升与发展，高阶思维被不断改变与突破。

与上述观点相悖的是，固化语文教学的模式，顺着教材内容来展开知识系统的学习，将语文课上成了流线型课堂结构。线性的学习系统虽然可以直接叠加知识学习，短期效果明显，但忽略单个知识与整个系统、自身系统与外部系统之间的关系，不利于知识的纳入和整合，不利于学生语文能力的可持续发展。教师长期进行单向的对话，实施确定的学习方式和传授静止的学习结果，会让学生形成僵化的接受系统，产生无意义的学习，思维进入固化模式。

4. 教学品质的不高级导致应试型问答，学生思维处于简单状态

小学语文教学品质的简单异化，表现为反复训练，反复做题，忽略思维过程，机械告诉学生知识和答案，将思考问题的过程落脚在简单思维之上，将本来可以进行高阶思维的过程转化成了低阶思维。

例如，在《雨点儿》的字词教学中，教师设计了两个词组训练，"数不清的（　　　　）"和"（　　　　）飘落下来"。为了迅速达成知识传授的目的，就有教师迅速出示四幅图片，让学生看图完成填空，于是学生很快说出了图片内容，"数不清的雨点，数不清的树叶，数不清的花瓣，数不清的大米"和"羽毛飘落下来，树叶飘落下来，花瓣飘落下来，雪花飘落下来"。答案有了之后，教师就结束了这一教学环节。

这种现象，明显是应试型的教学品质在作怪，除了表面所看到的小手如林的热闹场面，基本听不到学生富有创意的回答，这并不是说学生不能理解"数不清"和"飘落"的词义并向外拓展合适的词组，而是因为教学者根本就没有让学生进入深刻思维的意识。如果学生在学习过程中碌碌无为，缺失了开放的、自由的、挑战的学习过程，既听不到思考的声音，又寻不到思考的踪迹，这样无所事事的语文课堂就十分可怕了。

二、小学语文教学指向高阶思维培养的支持策略

1. 以挑战的目标促探究创新，有效提升文本价值，拓展思维的开放性

挑战的目标能驱动教师和学生在现有教材资源和可能拥有的资源面前，充分发挥能动性，让教学出现在学生的最近发展区。教师要研究学生可能达到的

思维水平，避免将教学目标落脚在学习的结果和学会复制结果上。教学目标关注了学生在掌握知识的过程中的主动建构，就能想方设法将重心转移到学生在学习过程中产生的高阶思维上，越有层次，越有难度，就越能调动学生的学习积极性，让课堂充满思考的活力。

以三年级作文《我的自画像》为例，我们可以清晰地感受不同教学目标带来的思维训练方式和产生的不同教学设计。

第一种教学目标设定为模仿范文介绍自己的外貌和爱好，中规中矩，学生也能在老师指导下，用通顺的语言有顺序地介绍自己。

第二种教学目标设定为"呼之欲出"的人物特色形象描写，要求学生运用打比方、夸张、举例子、类比等多种手法凸显自身特征。这一目标对教师和学生都具有挑战性。为此，教师充分利用可能使用的资源，将学生喜欢的动漫形象、综艺演员形象，甚至教师自身和学生自身等作为课程资源加以运用。学生在递进式的板块学习中兴趣盎然地进行对比，在对比中发现人与人之间的不同特征，又在删减共同特征中逐渐概括出人物的鲜明特征，在有趣的比较活动中学习观察、学习类比。

由于课程资源十分开放，学习空间十分开放，教学手段借助媒体呈现，因而极大地调动了课堂活跃的气氛，学生始终处于积极接受挑战的状态中。每一次需要跳一跳达成的学习目标都能引发学生积极思维、积极响应，递进的挑战目标将高阶思维的培养落到了实处。

2. 以问题的解决促持续建构，归纳凸显文本主旨，强化思维的整体性

指向高阶思维的学习模式需要以高质量的问题为支持，通过有意义的问题突出学生的持续建构，培养学生解决问题的策略和自我管理学习任务的能力。"高阶思维教学需要高阶学习模式的支持，运用探究、发现和研究型学习的模式，有利于发展学生的高阶思维。"一般来说，围绕文本主旨展开主问题的渐进式讨论，可以将核心内容贯穿学习全过程，便于学生多角度阅读文本、展开讨论、多重对话。随着文本呈现情境的不同，学生自主选择不同的解决问题的方式，最终产生与文本主旨有一定契合度的学习结果。在这一主动学习的过程中，解决问题时的提取信息和确定行动策略都是高阶思维的主要表现。

以六年级《大自然的文字》为例，我们可以设计出核心问题：了解大自然文字的意义并学习作者伊林生动的语言表达方式。

核心问题本身具有挑战性，设计时可以把这一问题的解决看成是一个项目化学习内容。学习策略经过讨论形成三个板块：第一板块是完成图表，将文本语言概括成图表语言，学生在梳理大自然语言意义的过程中，培养思维的条理性与概括性；第二板块为感受作者伊林的语言特色，这是有难度的学习任务，需要师生相互合作、多重对话，将百度搜索到的"冰川漂砾"介绍与文本语言进行对比，完成感悟的同时又得到了思维的提升；第三板块为读写迁移，既阅读资料，又联系科普常识，将"核心问题"——了解大自然文字的意义并学习作者伊林生动的语言表达方式，通过读写"年轮"最终整合产生一个能运用知识反映整体思维的产物来。

3. 以深度的学习促板块递进，有效获取文本知识，体现思维的阶梯性

受人工智能技术的模块递进原理启发，我们把学习者的认知结构看成一个深度学习的网络，体现了这样的学习概念：每一次学习只训练一层，然后将所得到的结果作为高一层的基础，认知过程逐层展开，逐步抽象成高阶概念和思想。在这一过程中，顶层目标、主旨或思想能调节所有层级的应用和效果。

在语文学习中，恰当地运用深度学习理论能促进学生实现分析、比较、概括、整合等高阶学习。设计思维导图或者概念导图就是有效的方法之一，在师生共同设计图表的过程中，学生对出现的字词概念会理解得更深刻，对文本主旨也会有更好把握。导图帮助学生理清文本存在的内在关系，体现了思维的整体性和阶梯性。

以三年级《有趣的汉字》为例，为了让学生回顾一到三年级学习过的零散

的汉字构字特点，整合归纳出汉字的主要造字方法，教师带领学生在游戏化的学习过程中逐步完善下面这张树状图，形成一个整体概念，并突出难点"指事字和会意字"，进行明确识记。

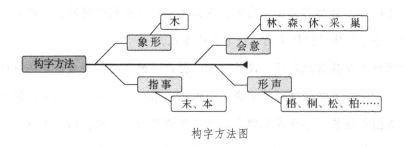

构字方法图

另外，板书是极有条理的文本梳理结果，它充分体现了文本的内容和内容之间的递进层次关系。教师在完成板书的整个过程后，应该让学生再次关注板书，并指导学生自如地运用习得的语言，加入合适的关联词语，将文本内容以及透过语言文字感悟出的隐含意蕴，有层次地进行表达，呈现学生自己的理解与观点。

4. 以交互的活动促要素生成，整合加工文本信息，再造思维的情境性

我听过一节语文课，教学童诗《下雨》，诗歌有一段是这样写的："雨竖着下，斜着下，横着下，无计可施时，它还可以倒着下。"在教学初始时，有学生质疑："雨不会倒着下。"教师没有否定学生，而是因势利导，描述"倒着下"的情境，猜测可能是雨太大了，就像水从天上倒下来；可能是头朝下掉下来；也有可能是一个雨娃娃，她有各种各样的情绪，有各种各样调皮的动作，这样层层递进打开了学生的思维。更关键的是，学生有了情境感，将雨娃娃模拟成自我，自觉寻找与童年生活一致的地方，呈现了很多动态的描述。诸如"当她感觉无聊时，就找小伙伴们聊着天"等精彩的表达脱口而出，比作者写得还要生动，俨然成了小诗人。

分析以上案例，不难看出，培养高阶思维中的形象思维，需要富含情境的认知引导。知识不能脱离具体的情境而存在，只有在特定的情境中，学生的思维才能得以激发。脱离情境的思维活动，只能沦为应试教育的知识性学

习。不少学者建议加强教育戏剧或者教育游戏的引入，认为"教育游戏也是这样一种促进高阶思维能力的有效途径"。"游戏的情景性和互动性，让学生能够以一种全新的方式进行学习，增强问题解决、探究学习、合作学习的可能性。"

以二年级《绿色的和灰色的》为例。笔者在疏通课文主要内容时，巧妙渗透音乐、语言、表演三者之间的关系表达，把学生分成朗诵组、表演组，又让学生自主分成各种角色小组，在组内讨论如何表演狐狸、白兔、翠鸟，将文本内容表现到位。当道具上场，音乐响起，学生投入其中，表演得惟妙惟肖。

这样的学习情境设计，达到了提供学生与他人、与自己、与文本、与事物互动的密切机会。即便遇到了与头脑中不完全一致的情境或者更为复杂的情境，学生也能通过变式处理灵活解决。这就是高阶思维得到开发的综合表现。

认知活动是人类对事物的感知、认识和理解；实践活动是人类对文化的传承、实证和创新。学科课程标准以及学科课程的开发和设计是学生在个人发展、社会需求、文化传承与创新等多方面的概括化表达。小学语文教学的"意·创"之法是教师对语文课程标准深度理解的自觉，也是学校教育抽象的育人总目标转化为日常教学具体行为的重要途径。

课程改革的落脚点是课堂。如何基于语文课程标准创建属于自己的语文教学范式？在教育目标分类的框架中，布鲁姆的界定具有很大的影响。他认为学生的认知活动分类有识记、理解、应用、分析、综合和评价等。其中，理解有两种诠释。作为名词讲，理解指掌握了知识的境脉，知识是事实性知识、概念性知识、程序性知识和主知识的总和。作为动词讲，理解指一种高级心智活动的过程。小学语文"意·创"之法的理解采纳动词诠释，具体指学生通过学习语言文字，掌握事物的实质含义和语言文字所承载的三个世界的联系，并且能够应用到新的境脉中去解决问题。

以"理解"为核心的教学文化有一定的主观性，是儿童内心世界对客观世界的认同，是一种心智交汇的深度意义学习的过程。教学应关注师生之间的关系，以及由此形成的课堂教学关系场。在这个场效应作用下，教学从研究设计、方法、策略、信息、评价等入手，关注教学中产生的各类元素，作用于整体。生命发展将作为课堂源点成为一种教育理念与思想，呈现出课堂内外融会贯通、学科之间蔚为一体的教育理想状态。

第一节　基于儿童视域的教学

语文课程"应致力于学生语文素养的形成与发展"。小学语文教学的"意·创"之法不能束缚于教材，被动于内容，而应该用课程的意识引导教学行为，落实语文教学的真正目的。

一、现状：教师和学生"迷失"在教材之中

目前，教师在语文教学中存在诸多问题，我概括为以下四个方面：

1. 语文教师对语文课程标准解读不到位

仔细研读课标，能在字里行间寻找到立足课程目标、着眼整体发展、综合提高语文能力的诸多表述。可是，就课标的写作体例来说，很大篇幅是分年段、分要求来叙述的，如不深入解读或前后联系反复读，往往会产生歧义。

2. 对教材文本把握不到位

很多时候，我们要求语文教师"细读"文本，品味语言，感悟语言文字的意蕴，但这样的"细读"使得一部分教师走入歧途，研读文本语言本身太深，跳出文本左右观望则太少。

3. 教师文学素养存在缺失

足够的阅读量与储存可以开阔教师钻研文本的视野，自然生发出围绕文本目标、内容、语言、表达、意义等的课程资源，以点、线、面的形式纵横交错、和谐共存，非苦思冥想、绞尽脑汁所能成。很多成功教师的成功课例证实了这一点。

4.培养语文素养的途径还过于狭隘

很多时候，我觉得教师并不是真正意义上依靠教学文本来提高学生学习语文的能力，很多教师让学生依赖大量的课外作业，借助练习达到综合素质的自然发展。"选文教学"的目的仅仅局限于学习生字新词、了解课文内容等显性意义的本身。学生语文能力素养的表现方式令人担忧。他们会造句，却不会表达；能找出文章中的好词好句，却不会前后联系体会好在哪里；能发现文章的思想情操，却不能情随辞动、感同身受……

例如，我在教学课文《司马迁发愤写<史记>》的时候，在课始环节补充了后人对《史记》评价的资料，以帮助学生感悟文本中"辉煌巨著""前无古人"这两个评价词语的真实内涵，可学生读了资料却不能前后联系、加深理解。在课中，我补充了司马迁写给好友任安的书信片段，生动的描写可以让学生感受司马迁"悲愤交加"的心情，可学生读了却神游语言环境之外。这样的一种学习状态，不是一节语文课能够解决的。"盯"着眼前既得"效果"的教学只能造就众多机械的"读语文书"者。

二、对策：教师和学生"相遇"在课程之中

儿童语文的真实价值是儿童、文本、教师之间的"相遇"。小学语文"意·创"之法一再提出，教师要带着文本走向学生，其提出的基点在于关注教师和文本，研究儿童学习语文的认知结构和能力是放在前两者之后的。表面上强调以学生学习为主体，其实，教师首先研究的是自己的阅读状态，是文本可能呈现的状态，说到底还是以教师为主体。

语文的教学价值应该是"儿童带着语文走向教师"。"教师应该而且必须回到每一次与孩子相遇的实事本身。"儿童学习语文存在着很多学习背景，这里包括教师曾经传授过的共性知识，也包括每一个儿童个体具有的生活经验、个性差异以及认知差异等。教师在每一次传达文本包含的信息之前，应直面儿童的语文经验方式、阅读方式、思维方式、认知倾向等，把更多的时间花费在剖析儿童到底会怎样阅读理解文本，怎样完成面对这一文本的阅读过程，会遇到怎样的学习困难和知识背景上。

例如，《灰椋鸟》一文中，鸟儿归林的场面描写是重点学习内容。解读文本时，可以扣住描写飞行的不同动词，感受鸟儿归林的壮观气势，这是教师阅读片段时自然感受得到的，也是细读文本后必然可以得到的。然而，如果研究学生阅读该片段的状态，会发现他们仅仅能找出的是描写飞行的不同动词，如"移动、盘旋、投入、排空而至"等，至于为何在"翘首遥望"时用"许多黑点向这边移动"进行描写，在归林的一刹那用"投入"描述，而后描写"大部队"归林则用上一连串的气势很强的描写语句，学生是需要教师通过设计来达到深入理解和深切感受的。因为他们不曾亲眼见过这样的场景，也尚缺乏从某个角度切入分析的方式。这时，教师点拨一个思维的线路，就显得比单纯指导学生寻找动词、再说说这个动词好在哪里重要得多。

语文的教学价值在于帮助儿童习得一种学习的方式，文本本身是一个抓手，教师对文本的细读也是一个抓手，为此设定的目标和预设的教学环节更是一个抓手。

当前语文目标的设定，我以为功利性很强，常常关注具体的知识和情感，忽略暗含的语文"思维"，这不是依靠一节语文课就能形成的。语文的价值在于"思维"，它积淀在语文的诸多知识之后，形成于儿童阅读文本的过程之中。这样的长期性和隐含性，决定了教师在设定学习目标时，要有基于课程标准的具体表述，不一定在纸上，但必须在心中，定下要逐步培养学生阅读"思维"的隐形目标。这样，学生的长期阅读活动就有了一个连贯性的目标，它跳出文本的具体内容，通过思维活动，得到一个理性认识，获得一个"观念性结果"。

三、实践：教师与学生"交互"在教学过程中

小学语文"意·创"之法对语文的教学价值的新认识，可以直接导致教师教学行为模式发生变化。

1. 预设环节要基于学生习得，催生儿童阅读实践的旨趣

不采用直接告诉学生语文知识的方式，而是通过儿童自主建构，教会他们用语文的目光观察事物，用阅读的方式解读文本，用朗读的形式鲜活文字，用

感性的语言表达思悟，让他们满怀语文色彩，走进语文世界。

精心设计反映语文特质的教学环节。例如，在《争论的故事》的教学中，分角色朗读争论语言是教师常常采用的方式。有一位教师设计得很好，她自扮角色之一，与学生朗读"争论"，并由文本提供的争论语言逐步拓展朗读者的争论语言：

师：大雁就该煮着吃。

生：大雁就该烤着吃。

师：煮着吃。

生：烤着吃。

师：煮。

生：烤。

争论的语言越来越简洁，争论的语气越来越激烈，学生因为教师这一巧妙设计，对于"争论不休"的感受也越来越有体会。

2. 教师引领要依据生成，促进儿童言语能力的发展

在充满儿童思维特点的课堂上，教师的课堂语言要依据课堂情景的生成，从语文知识的生发处，捕捉有儿童特色的实践语言，因势利导，尊重儿童的语言表达，引领他们逐步用准确、凝练的语言进行"语文化"的交流。

例如，儿童对词语的解释存在非正规性。他们不一定能准确表述一个词语的意义，但能够以儿童特有的方式表达模模糊糊的经验认识。这恰恰蕴含着儿童思维的生动活泼，展现着儿童对语言的创造性理解。他们会用"出名"来解释"出色"，隐隐约约之中，他们懂得出名的人一定有"出色"的本领。老师要尊重他们的理解，并引领他们明白两者的不同用法与细微差别。

又如，在《争论的故事》中，学生懂得了要抓住时机先做起来，不要让时间白白浪费的道理，教师给予了"机不可失、时不待我"的归纳。慢慢地，学生也会在自己的语言表达中用上老师给予的这两个书面用词。

儿童由运用生活语言转向运用书面语言是语言的一次飞跃。语文的表达可以被看成是语文素养得以提升的重要标识。语言是思维的外壳，这正是语文的教学价值所在。

3. 还原语文能力的培养过程，激发儿童再创造的可能

经过作者的有意识加工，文本表达所承载的意义不仅是内容的准确生动，还包含了很多值得迁移的知识。教师把握这些知识迁移点时，不仅要看到知识的结果，还要关注语言意义的丰富性、生动性，不以让儿童占有这些内容为目的，而要帮助儿童用自己的认知方式和思维方式经历过程，从中感受作者鲜活的思想，引领儿童借助语言实践，获得生动的创造体验。

例如，在《争论的故事》中，学完故事后，教师要教会学生讲故事。如果按照课文大意，平铺直叙中夹以背诵课文部分原句，也能完成这一教学目标，但这样做，学生仅仅是把课文的内容"搬运"到了大脑仓库中，无法体会将获得的结果转化为自己再创造结果的生动历程。

为此，一位教师设计了两次课文插图观察环节，指导学生"添油加醋"地加入自己的观察所得和思考所得，讲述时虽然不如原先边背边讲流畅，但通过这样语文化的活动，学生学习了语文独特的思考方式和创造方式，体验了生成智慧的具体过程。相信，这样的过程必然会成为儿童生命成长的精神资源。

第二节 基于课程视域的教学

小学语文教学的"意·创"之法要着眼学生的素养发展，着力梳理阅读领域的课程内容，变阅读本位为课程本位，只有这样，语文课程改革才有可能获得实质性的推进和突破。

一、认真阅读与文本"肢解"

提起认真阅读，我们首先想到的是要逐行逐段地读懂文章，然后一字一词地细细品味其中的含义或者韵味，这样的阅读方法确实很好。在语文教学中，教师这样认真阅读，也希望教会学生这样认真阅读。叶圣陶先生曾经说过："认真阅读的结果，不但随时会发现晶莹的宝石，也随时会发现粗劣的瓦砾。于是收取那些值得取的，排除那些无足取的，自己才会渐渐地成长起来。"我以为，这个"渐渐地成长"，就是要逐步培养阅读能力和思维能力。

然而，认真阅读应取何种方法？这是语文教学始终摇摆不定的问题。因为要认真阅读，所以相关的文章常常被肢解得支离破碎。上海师大中文系副教授张家平指出："在教学中，抽出一段话甚至几个词，翻来覆去地分析其所谓的深刻含义，作者为什么这样写，为什么要用这几个词，这使学生思维越来越僵化。"确实，在很多时候，教学被着眼于一个狭小的范围，盯着几个词、几句话细细研究，却没有懂得这样的研究虽很有必要，但必须与文章的整体结合起来，从培养学生的思维角度出发，更多的是要考虑如何通过思维训练来达到对文章遣词造句的认识，既感性又理性。

1. 驱遣想象

想象是思维的外壳。要对语言文字有敏锐的感觉能力，借助想象将在日常生活中得到的真实经验与文字所描述的情景契合起来，这样产生的对字词片段的理解才是真正意义上的理解。

叶圣陶先生说过："不了解一个字一个辞的意义和情味，单靠翻查字典辞典是不够的。必须在日常生活中随时留意，得到真实的经验，对于语言文字才会有正确丰富的了解力。"叶老把这种阅读能力称为语感。我以为，语感是一定要借助想象来培养的。夏丏尊先生曾经说过，在语感敏锐的人的心里，"新绿"和"落叶"都蕴含着词语本义之外的旨趣和情味，这样的感受只有借助想象、联系人生体验才能得到。否则，词还是词，句还是句，就算明白了意思也难有真切的感悟。

我曾经在《我不是最弱小的》这一课的词语教学中，启发学生边理解词义边进行想象。读到"弱小、娇嫩纤弱"时，马上联想到世界上那些身体小小的、力量小小的、能力小小的事物，我们对他们充满着爱怜与同情，保护的冲动溢于言表。当学习"雷声大作、大雨如注、滂沱大雨"这些词时，眼前就展现一幅夏日暴雨的情景，朗读的气势骤然庞大。这样，"不单从语言文字上去揣摩，而把生活经验联系到语言文字上去"。

2. 前后联系

着眼文章的整体，把握课外知识与课内知识，已有知识与当下内容，乃至文章前后的相互照应、意义连贯，这些都是培养学生思维能力的重要手段。目前就小学语文课堂教学现状来看，这是最为缺失的意识之一，也因此导致学生缺乏开阔的思维空间和完整的思维方式，阅读水平无法在高位得到发展。

在教学实践中，教师们常常深切地体会到，因学生缺失逻辑联系的能力而导致完满的教学设计无法预期演绎，这不能将责任归咎于学生，学生之所以"死读书"，是因为教师在语文教学的基础性建设中教"死"了学生。认真阅读并不意味着一定会产生"井底之蛙"，我们需要一个高屋建瓴的"课程意识"，着眼未来发展，培养阅读素养。

二、关注素养与知识"添加"

小学语文十二册课本，以单元为单位围绕若干主题选文编写，定型化的文本成了主要教材。随之而来，形成了"以阅读为核心，以阅读教学为主要教学方式"的课程形态。在教师实施具体教学时，形成了语文知识与能力培养的"添加式"教学。

"添加式"教学，顾名思义，就是语文知识和能力培养是随文本添加出来的。教师依据文本呈现的内容进行阅读教学，在认为合适的地方，这儿添加一个比喻的教学，那儿添加一个排比的教学，或在这儿进行一个说话训练，在那儿进行一个表达练习。这样的教学行为，阅读文本与培养听说读写的基本能力两者之间形成了主从式关系，听说读写成了阅读的附属。

在当前的教学课堂现状中，多数是教师以文本理解为主要目的，辅以语文知识的讲解和练习，语文能力培养逐项添加其中。这样，教师把握教材的个人能力在很大程度上决定了语文课程的实效。

很多研究语文的专家都提出，语文课程不应是"添加"出来的！

他们研究了很多国家的语文课程形态。比如，美国纽约州小学的语文课程呈现"三领域一事项"的"并列式"形态，即听说领域、写作领域、阅读领域、语言知识事项。又比如，日本语文课程形态以"板块式"存在，以二年级下册为例，语文各领域课时安排建议（光村图书）：第1单元——阅读，第2单元——字词学习，第3单元——写作与单词练习，第4单元——阅读、说话练习、词语学习，第5单元——词汇练习、诗歌欣赏，第6单元——语文活动、单词练习、游戏，第7单元——阅读、单词练习，第8单元——写作，第9单元——阅读、写作、说话。

我们的语文教材编写体例没有明确地将课程内容的两个基本维度，即语文课程的本体性内容（指语文学科特有的，会运用的、相对稳定的语文知识、语文方法和语文技能等）和语文科共同性课程内容（优秀文化的熏陶感染，思想道德修养和审美情趣，良好的个性，健全的人格等），安置在合适的编写体例之中。这导致教师将课程内容和课文内容混淆，基本是教学的五分之四时间用于讲一篇篇课文，五分之一时间用于逐一添加，上语文课就是讲课文。"我们的语文教学改革，主要聚焦在如何讲好一篇篇课文，怎样提高讲课文的效率上。语文教学竞赛，也是在比谁讲得精彩，讲得有深度、有新意、有水平，讲得听课老师五体投地。"

对语文课堂教学流程进行研究，教学课文内容的效率之低令人咋舌。有数据研究表明，前测三年级学生自学课文5分钟，完成15分钟练习题，得到各题准确率，后测安排在教师3教时后，以同一份测试卷进行15分钟测试，比较准确率的提高度，仅为10%。学生花5分钟获得70%的理解，教师花120分钟仅促使学生获得10%的提高。这样的教学效率实在高耗低效。

在教学现场，我们常常发现，低年级的教学效果明显，年级越高，效率越低。曾出现过这样的例子：学习能力强一点的学生生病在家一个月，仅靠自学和完成规定作业，学习成绩不退步，而数学与英语则有显著退步。从教学内容层面分析，低年级以记忆性、操练性的识字词、写字词为主，中高年级理解性内容逐步占优势。上述实验数据显示理解性内容的教学效果不明显，出现这样的状况也就不足为奇。

由此，我们明白了问题的症结所在：因为教材呈现了这样的"以阅读为核心"的方式，当我们没有立足课程内容去研究教材时，就产生了思想上的混淆，以为教好了教材内容就是教好了语文，缺乏从课程内容层面把握教材、分析教材、研究学生学习水平的意识，对于应该"教什么"总是不甚了了。

1. 必须考虑文本呈现的基本形式和内容，在深挖与拓展上做合适的修整

小学语文"意·创"之法以语文课程的观念决定教学的方向和内容，研究"教什么"，在教学过程之前和教学情境之外，以高屋建瓴的课程观预设课程规定，并通过有效的教学流程忠实地传递课程的内容。

例如，《月亮和云彩》是科普类文章，教学目标中有培养学生认真观察、激发学生探索自然的兴趣的要求。教学中，教师要指导学生模仿李小文从树杈间观察月亮，得出观察结果，但落脚点不应是研究这一结果的准确性，或者以此类推，得到关于参照物的类似知识，而是要将训练点落实在表达上，训练学生用准确的语言表达观察结果。实际教学时，学生获得以下几种语言的练习：

生1：我从树杈里看月亮，发现云彩跑得快，月亮跑得慢。

生2：我从树杈里看月亮，发现云彩比月亮跑得快。

生3：只要我从树杈里看月亮，就能发现云彩跑得快，月亮跑得慢。

生4：只要我从树杈里看月亮，就能发现云彩比月亮跑得快。

在这一表达过程中，教师心目中有三个层次的表达要求：一是基本要求，学会用一般的表述语言清晰准确地表达观察结果；第二层次是学习用"比"来表达，使语言简洁明了；第三层次是学习用关联词"只要……就……"进行肯定式表达，这个要求要视学生学习情况而定。

2. 必须符合学生的年龄特点与学习水平，在关乎学生的实际收获上用心体量

课程标准只明确给出了每个年段的要求，教师要更为细化地把每个年段的要求分解成每一学期的语文素养目标，并在文本基础上使其具体化。对教师个体来说，添加恰当的要求是有难度的，难就难在要基于学情。要研究学生学习前后发生了哪些变化，在语文知识或语文学习行为上有什么收获，建构"理解"和"运用"并重，并且朝向"运用"的课程形态。

例如，在《木兰从军》的教学中添加一些四字词语的积累，这是比较恰当的。文本本身就有不少，再添加几个合适的词语，难度不大，也比较形象。

又如，在《跟踪台风的卫星》一课中，学习提示语是符合三年级学生的认知水平的。但是，如果教师在"提示语"学习中，要求三年级学生分别给对话添加描写动作、神态、心理活动的文字，难度就超出了学生的学习能力。因为三年级学生一般只会给对话添加简单的表示动作与表情的词语，类似于"笑了笑说，自豪地说，看了一眼说"的句式，根本做不到添加补充式的提示语言。所以，训练的点虽然还是在添加提示语上，但可以落脚在"体会角色的性格特点与说话时的心理状态，然后寻找合适的词添加在提示语中"的要求上。

第三节 基于知识视域的教学

曾经在听课时，被教师带入文中，全情投入，深深感染于语言文字的浓浓情味，我以为这就是一节好课。也曾经在听课中，被教师带入文中，细细品味一字一词的精妙，对文本由浅入深逐步理解，豁然开朗时，以为这就是一节好课。

然而，我们无视了学生坐在课堂上的感受，他们有听课者和教师那样的理解能力和感悟能力吗？他们的想象能力也和我们一样吗？他们的思维程序是怎样的？抑或还可以问一问，他们还掌握了多少课文内容、思想、情感以外的属于语文的东西呢？

一、厘清教学上的一些问题

1. 关于语文知识

当前的语文教学现状：我们始终在苦思冥想"教什么"的"内容"，而忽略了研究"教什么"的"知识"。

小学阶段，遵循着学生学习语文的规律，本来可以分别在十二册语文教材中逐步渗透、螺旋提升基本知识和技能。可惜，目前我们的教材，范文的编写体例都以"内容"或"思想教育"为单元，同一册板块之间，或者连续多册板块之间缺少明显的程序性知识连接，更少有策略性知识的点拨。教学一册教材，全凭教师个人或一个群体已有知识的厚薄，或者对于知识传授的朦胧意识，甚至可以抛开课堂教学中的知识传授，只在分析作业题和应对考卷试题时发挥教师直接点拨语文知识的作用。结果教学和考试脱节，质疑课堂教学效率低下的呼声越来越高。

这种失误，严重体现在程序性知识的序列编排上，模模糊糊一大片，连教师也无法清晰地把握年段该教什么知识，该怎么教。比如，"抓住课文主旨，归纳主要内容"的方法有很多种。在中年段，遇到总分总结构的文章，采用寻找中心句的方法就可以快而准确地概括主要内容；遇到以叙事为主的文章，采用六要素串联法就比较合适。进入高年段之后，采用段意合并法归纳主要内容是非常常用的手段，而相应的把握重点段落、凸显中心就是学习的重点。本来，这样的序列可以体现在文章的选材编排上，在一个阶段后做一归纳即可起到点拨提领的作用，可目前的教材没有这样的提示。教师教的是个人的知识经验。

这种失误，还体现在练习设计上。比如，苏教版五年级第六单元的课文编排了一组古今中外成就事业的人物的励志故事，前三篇是记叙文，第四篇安排了议论文《滴水穿石的启示》，这是学生第二次接触议论文。从教会学生篇章知识的角度思考，本课的课后练习应该安排学习议论文语言特点的小练笔，但是，练习中莫名其妙地要求学生写一篇"读后感"。很多教师照着要求布置学生写，殊不知写读后感需要特殊的体例知识做支撑，没有教师的悉心指导，短时间的写作很难到位。有教师从议论文概括描述事例的语言特点出发，将写"读后感"改为模仿课文语言范例写有成就的人物的事迹，再次例证文章论点，要求准确，又通过读写结合提高学生对写作策略的感性认识，时间花费不多，能力提高明显。

也正是小学阶段语文教学本身对"知识"的贫乏，六年的语文学习成了扎堆的"知识"。比如，学生从低年级开始接触词语，学习词语的意思，到中年级进行词语解释，再到高年级解释词语，六年的练习始终是这样几种方法，策略何在？由浅入深、由表及里、最后关乎词语内核的感悟能力培养何在？类似的例子举不胜举。许多语文知识，在六年中低水平烦琐重复，被称为"知识泛滥"。这种现象的出现，不应责备教师的能力，而是语文学科本身没有向教师和学生提供足量的、适应不同年级的语文知识体例。

2. 关于阅读姿态

"阅读是一个读者与文本相互作用、建构意义的动态过程"，在这个解读文本的过程中，读者既要关注文本的内涵、意义，又要关注催化内涵与意义不断生成的表达方式，两者统筹兼顾，方为阅读习得。从这个目标出发，教学生阅读，既要想方设法让学生体味文章的滋味，又要想方设法让学生学到"得滋味儿"之法。而当前的语文教学中，顾此失彼的现象十分严重。

以《石榴》第二自然段的学习为例，目前语文教学中存在两种截然不同的阅读姿态：

例一：教师以这样的几个问题引导学生

（1）同学们，请你们默读第二自然段，想想这段写了石榴的哪些部分？

（2）在"春天来了，石榴树抽出了新的枝条，长出了嫩绿的叶子"这句话中，"抽出"和"长出"的顺序能不能调换？为什么？

（3）从哪些词语中可以看出石榴花开得非常多？

（4）石榴花是什么形状的？从哪些字词的描述中感受到了石榴花非常生动？

（在学生回答上述问题时，教师相机出示了不少图片，加强了形象感知。）

例二：教师以这样的几个环节引导学生

（1）默读第二自然段，说说你最喜欢石榴树的哪一部分？

（2）你为什么喜欢石榴树的叶子？谁能通过朗读把春天石榴树的旺盛生命力读出来？

（3）用朗读来感受石榴花开得很多。

（4）做一做小喇叭似的石榴花鼓着劲儿吹奏的样子，说说你感受到了什么？

（教师相机出示了不少图片，并反复通过情感朗读加强形象感知。）

问题的设计直接导向了不同的阅读姿态，也体现了教师不同的阅读目标。

在例一中，师生作为阅读者，采纳的是"分析"的阅读方式。教师的关注点是"每句、每段或全文的好处所在"（夏丏尊语），研究的是"作者意念发展的途径及辛苦经营的功力"（叶圣陶语）。在这堂课中，维系教师、学生、文本三者的热点是课文的字词句。将写法的好处作为分析的重点，教师自然会设计出以上问题，引导学生将文本的表达形式与特点细加体会，使其获得不少关于文章写法上的经验。

例二体现的阅读姿态是"鉴赏者"，其阅读主要方式为感受、体验。通过朗读这一途径，将对文章的理解弥散在情感体验与感受之中。思考第二自然段写了什么时，采用了"最喜欢"的思维引导方式，学生在交流中，自主地从文本中抽出有所感触、有所兴趣的内容，谈论并诵读文章。

然而，两者的缺失都十分明显。例一中语文知识的习得是十分生硬的。阅读的兴趣产生于情感的共鸣，情动后冷静分析，方能真正领略妙处。打个不恰当的比方，如果一个学生拿到一篇文章，逐行看去，只看到遣词造句或篇章结构的诸多长处，就如同一个人看到了另一个有血有肉的人，却想到这是一副怎样的人体骨架，那就一点趣味也没有了。

例二则相反，缺失在学生始终在讨论内容，很少提及关于写法方面的话题。在学生了解了内容，并通过情感朗读沉浸其中之后，却不再深究体现这些内容意义的方式了。最终，留给学生的是文本的形象，这必将随着时间的推移而忘却。这样，一节课的所得实在太少了，学生日积月累的阅读"资本"就不会很快增多。

二、跳出圈外看语文

1. 语文课和数学课的比较

语文课与数学课相比，课堂形式大致相同，但因为教学目标与教学内容截然不同，呈现的教学特点大相径庭。有人说，数学是清清楚楚一根线，语文是模模糊糊一大片。说得太准确了。数学课的教学目标十分明确，教学的重点难点十分突出，一堂课要解决什么问题，要帮助学生学习什么新知识，清清楚楚。听数学课时，我感受最深的是教学环节清晰明了，十分强调教学程序，如果教学程序发生了颠倒，教师就要及时理清理顺，顺畅了才能往下行课。

我记得有这样一个片段：

题目：1路车6:20开始，每隔10分钟发车；2路车6:20开始，每隔15分钟发车，两辆车第二次同时发车是几点？

学生采用列表的方式寻找答案。

教师指名回答。

生1：1路车每隔10分钟发车，2路车每隔15分钟发车，因此只要考虑整十的时间，两辆车第二次同时发车是6：50。

师：你能这么思考非常聪明。有没有同学是按罗列发车的时间顺序来找到同时发车的时间的？

生2：我先罗列1路车发车时间，再罗列2路车发车时间，发现6：50是第二次同时发车的时间。

师：这个方法就是用罗列的方式找规律。

生1的答案无疑比生2高明，他跳出了一般寻找规律的方式。但是，教师依然要求回到原来的方式上，这是因为在学生掌握新知的过程中存在思维程序，一旦打乱了这个思维程序，这节课要突破的教学重难点反而不能为大多数学生掌握。所以，虽然生1的回答很高明，教师却没有强化。教学程序在这里很重要。

这让我联想到语文，语文的教学目标模棱两可，教师是踩着这样一块西瓜皮上课的，自然滑到东来滑到西。有时，一个问题提下去，教师自己心中也没有一个标准的答案，追随学生的发言，感受这个、感受那个，思维跳跃激荡，浮想联翩，却做不到明明白白。

2. 语文课和英语课的比较

语文课与英语课相比，在教学目标和运用教学手段上更为相似。语文课有字词教学，英语课有单词与句型，但其操练的密度与强度远远超过语文。英语课运用举一反三的方式很多，很集中，有许多创设情景的设计，目标明确，值得语文好好学习。

我还有一个强烈的感受，无论数学教师还是英语教师，除了教学目标、教学思路清晰之外，语言都要比我们语文老师清晰。这难道也是由学科特点决定的，而没有教师本身的问题存在？

三、提高指导学习的能力

1. 唤醒教师的知识意识

王荣生教授在《语文科课程论基础》一文中提出：从语文课程的观点看，听说读写能力的培养，首先是个知识的问题，合宜的能力要有适当的知识来构建。从小学语文教学的素养目标出发，语文学习的知识可以分为程序性知识和策略性知识，学生听说读写的能力存在于语文知识之中。皮连生先生这样说："只有确定了中小学生分别需要掌握的篇章的类型及其相关的知识后，教师才能将这些知识转化为学生阅读和写作的能力。"

基于目前小学语文教学中的知识缺失，小学语文"意·创"之法期盼看到教师"知识"意识的觉醒。有这样两个案例可以让我们感受到，教师有了"知识意识"，解读文本的角度会不同，教学的视角也会不同。

例一：《滴水穿石的启示》中概述性语言的学习

师：本文列举了哪几个人物？

生：明代著名医学家李时珍，美国发明家爱迪生，现代著名书画家齐白石。

师：说对了。你的发言有个优点，各用一个称号概括了三个人物取得的成就。

（教师在评价学生发言时，有强烈地渗透议论文语言特色的意识。）

……

补充《李时珍夜宿古寺》一文中李时珍尝药草的片段后，教师点红了议论文中"尝药草"三字，然后指导：

同学们，你们看，这么具体生动的一段描写，在文章中只概括成为三个字"尝药草"，语言多么简洁！大家再读读这段文字，看看有没有类似的概括性描述？这些词语让我们感受到了什么？

……

例二：《黄果树瀑布》比喻句的体会

教师出示句子：透过树的缝隙，便看到一道瀑布悬挂在岩壁上，上面折为三叠，好像一匹宽幅白练正从织布机上泻下来。那"哗哗"的水声便成了千万架织布机的大合奏。

师：这是两个比喻句，把什么比作什么？

生：把瀑布比作白练。

生：把声音比作大合奏。

师：前一个比喻句重点写瀑布的样子，这样的比喻好在哪里？

生：瀑布很宽，又折为三叠，很像一幅白练。

师：由白练想到了织布机，于是，这两个比喻句中都隐含了另一个巧妙的比喻是——

（学生恍然大悟）

生：这高高的岩壁就是织布机了。

师：于是，伴随着作者的目睹，耳闻的喧嚣水声就俨然成了——

生：织布机的大合奏。

师：这样的比喻真正贴切不过了。

生齐读感受。

上述两个案例，教师对文体知识和语言知识的把握符合年级特点，内容与表达结合，感悟与习得并重，相得益彰。

2. 上学生"自主玩味"的课

我以为，小学语文"意·创"之法要教学生玩味文本，上催化"自主玩味"的课。怎么引，引什么，怎么导，导什么，都有讲究。

感受文本内容需要大量的语文知识积淀，而体验后的语言表达更需要可运用的语言知识，诸如摘句、比喻、举例、类比等相应的表达手段、具体的陈述方式，都是需要在教师的逐篇讲解和学生的实际运用中慢慢习得的。

然而，对文本特点与表达方式的条分缕析，不应是生硬的。与其称分析，不如说是一种体验的描述，它们建筑在深切的感悟之上，需要我们用感悟去接纳。也就是说，仅仅知道结论是没有用的，我们还需带着"慧眼"返回到作品中去，再体验，再品味——体验我们原来体验不到的经验，品味我们原来品味不出的滋味。整体把握、整体体验文本的阅读姿态是一定要维持的。

对教师来说，教语文知识要做到心中有知识、口中无知识。不追求学生应该知道的准确定义，只有指导学生在具体的语言情境中感悟语言的意义，并能运用所得的语言方式表达自己对这一文章的理解体会，才是达到了学习语文知识的真正目的。而对学生来说，学习语文知识，将它作为继续阅读、作文的手段，在学习中运用，在运用中加深，用它来逐渐触摸内容与情感的深层意义，体验裹挟在字里行间的精妙，这样才是真正的阅读习得，这样才能日积月累获得"阅读的资本"。

第四节　基于变构视域的教学

教师对语文课程的系统认识，反映在课例设计与实施的具体行为中。小学语文教学的"意·创"之法注重语文教学的结构变化，有助于教师解决文本的研读问题和教学技术的问题，将语文课程意识优质地体现于教学实践中。

一、精读与拓展的相互补充

文本提供的仅仅是范例，范例学习得再好，如果缺少相应的巩固材料与手段，违背学生掌握学习技能的规律，还是不能提高学习效率的。以往，我们将一篇文章咀嚼得十分细致，逐一喂给学生。在课堂上，学生伴随丝丝入扣的教学环节流畅地思维，获得文本提供的知识与技能，但由于缺乏跳出文本的宽阔视野，师生都被紧紧束缚于文本，教师只顾着让学生往文本里面跳，文本反而在一定程度上成了束缚学生自主学习的工具。

教材不是教学的全部，但可以是教学展开的基础。教师主动运用模仿、迁移进行恰当补充，是提高学生语文学习能力的重要手段。为了促使教师走出文本进行教学设计，小学语文"意·创"之法给出了"扎实文本，拓展阅读"的设计模式。设计每一个文本时，要有以下几个体现：

1. 整体把握

放弃对"点"的言语分析，注意整体联系，形成奇妙形象。当语文教学仅仅是收获枯燥的事物特点时，语文阅读将失去优美的形象、浓浓的情味和盎然的阅读趣味。

2. 细读重点

高年级的学生，在掌握了一般的阅读技巧之后，大多都能很快地顺着教师的指引，寻找到表达主要内容的关键字词。然而，领悟了内容，却无视关键词句的形象与情味，将对文字的揣摩弱化为机械的分析，这是当前语文课堂普遍存在的问题。重点段落要咬文嚼字，指导学生品味语言特色，然后由扶到放，在其他段落体现学法渗透，这样可以达到提高学生自主学习能力的效果。

3. 补充阅读

寻找有联系的点进行其他文本的补充阅读。如在教学《美丽的丹顶鹤》时，学完描写丹顶鹤外形和习性的两个重点段落后，补充阅读在写法上十分相似的文本《孔雀》，课中完成。教学《普罗米修斯盗火》时，补充《普罗米修斯》关于受罚的片段，适时阅读，起到完善形象的作用。教学《黄果树瀑布》时，将叶圣陶先生写的诗歌《瀑布》补充进去，对比阅读，感受不同的写作特点。教学《青海高原一株柳》时，则可将《白杨礼赞》作为课外作业让学生认真阅读，再次感受借物喻理的写作方法。

"扎实文本，拓展阅读"的设计模式，要求将以上三点紧密结合、巧妙穿插，经过长时间的运用和训练，师生都能逐步形成一个概念。不同文本之间，可以相互借鉴、相互拓展，获得基于课程观和大语文的阅读气魄和习惯。

二、讲授和活动的交替使用

教学方法，概言之，有讲授法和活动法。对于语文教学来说，除语文综合实践活动一定采用活动法，阅读教学一般以讲授为主，穿插少量活动设计。但即便这样，阅读教学设计时，还是要尽可能地采用多样手段调动学生的思维，让课堂充满思考的声音。

1. 考虑年段的特点

低年段学生的学习应讲授在前，活动在后，这是由学生的年龄特点决定的。有的教师喜欢采用表演法进行教学，表演法能提高学生的兴奋点，但过于靠前，极易引起课堂教学秩序的涣散，无法集中学生注意力。而高年段，讲授方法也不能一成不变，从第一段开始圈画句词谈感受进行朗读，到最后一段还是圈画句词谈感受进行朗读，枯燥乏味40分钟，再优秀的文本也会让学生的兴趣荡然无存。

例如，教学《水》，无论是百里担水、雨中洗澡，还是打水冲凉，都表达了同一个主题。重复使用同一种教学方法，读、圈、谈，也未尝不可。但是，六年级学生学习语文的兴趣会因为单调重复而丧失，内心也会因缺失情感的逐步推进而波澜不惊。

有教师设计得很巧妙：在学习"百里挑水"段落时，品读关键词"十公里之外、很小的泉眼、一个小时的长队、一担水"的同时，回读"水，成了村子里最珍贵的东西"这个中心句，以此来关注构段方式。在学习"雨中洗澡"段落时，采用发散性提问"如果你是其中的一员，你会做些什么"展开教学，让学生联系生活中的个性化体验，调动感官与情绪。课堂上，教师听到了精彩发言，看到了情绪投入。"我会在雨中奔跑跳跃""我会在雨中打水仗""我会在雨中洗衣服"等生动而有趣的回答，令学生对文本洋溢的欢乐情感体验得更加丰满。

2. 考虑文本的类型

在阅读教学中，我们常常发现教师是不考虑文本特点的。无论何种题材、体裁的文本，都是一样的教授方法。在这个问题上，建议通过"教学建模"的尝试，依据不同的文本类型，设计适度变化的教学环节。每节课要求隔小段时间变化教学方法，课后由教师写出流程图，取好模式名称。一个阶段后，根据文本类型进行模式归纳，得出相应的基本模式。这一举措促进教师关注文本类型，设计不同教学方法。

例如，我们给童话故事类的课文进行建模，发现"情境——朗读——感悟"式非常适合低、中年级学生学习带有情节的故事。在情境创设与合理想象中，学生的情感易于激发，声情并茂的朗读能营造故事的氛围，使学生最终感悟出文本蕴含的丰富意义。

3. 考虑教师的优势

"探讨教学方法，必须有对教师维度的考量。"在实践中，我们发现，有的教师擅长朗读指导，有的教师擅长问题点拨，有的教师擅长表演，有的教师擅长语言描述。选择怎样的教学设计应取决于"人"，教学过程中进行双边活动的是教师和学生，教师的素养与教养、个性、风格、能力等应与教学方式匹配。

例如，通过教学建模发现，"思考——讨论"式一般适合具有丰富教学经验、具备较强课堂调控能力和较强逻辑思维能力的教师。这些教师往往善于把握学生的发言，能及时捕捉信息，调整学生的思维导向。只有综合考虑教师自身素养中的这些因素，才能选择"思考——讨论"方式，使其发挥优势作用。

4.考虑知识的要求

"对学生所学的知识，要求是不同的，有时候，我们要求系统性、确定性，有时候，我们要求深刻性、牢固性。"这是李海林教授针对所有学科知识讲述的。对于语文学科来说，知识要求的差异性非常明显。比如，掌握字词，要依靠抄写、默写等练习，现在的低年级课堂留出很多时间，却不用来写字练习，而是花费时间讲解笔画、笔顺和结构等，留给学生的写字时间实在匆匆。而语感培养变成了"找词贴标签"的机械讲授，僵化之法，令人扼腕。

三、教情和学情的互相照应

李海林教授的《从学情角度谈以学定教》一文，"从教学设计的意义上来理解'以学定教'这一概念，'学'就是指'学情'，'教'就是指'教学设计'，所谓以学定教，就是'以学情定教'"。了解学情，是教师的基本功，可惜我们常常把学生的基本情况与真正意义上的学习情况混淆起来，忽略学生在动态的教学过程中的反应，以为教学之前的是学情，教学之中的就不是学情，也不会依据教学之后的学情再度调整教学方法。因此，我以为，小学语文"意·创"之法应关注：

1.关注教学设计的元起点

一般我们寄希望于教师的教学经验，关注一类或一批学生的学习状态、学习准备、学习基础和学习需要是什么，然后在此基础上提出可能的教学目标、内容和教学策略。如果教师具备了对教学设计元起点的潜在意识和准确把握，就能有效地选择教学方法。借助教师团队研修，可以弥补教师经验上的差异。

2. 关注教学设计的切入点

除考虑课堂教学的全过程之外，学生在进入课堂教学之前做了什么，也即预习了什么，走出教学后又需要完成什么，即作业和复习，都是教学设计的重要切入点。"教学设计必须循着课前、课中、课后的行为链条切入课中。"从这个意义上来讲，教师对学生预习结果的交流，是重要的教学环节，其重要性不亚于课堂过程的每一步设计。但是，从目前的教学现状来看，预习是一种形式，不是教师展开学习过程的思维焦点。因为它因生而异，难以及时归纳，对教师能力是个考量，所以更多时候是被忽视的。

3. 关注教学过程的生成点

"学生学习的中途性成果是教学设计的线索。"在进行课堂学习的过程中，学生的学习状态不断发生变化，生成各种信息，有的信息是非常宝贵的生成性资源。"学生的上一个学习活动，理应成为下一个学习活动的前提和依据。"这些学情，虽然难以预测，但它留下了许多充满魅力的教学空间。而阅读文本本身，仁者见仁，智者见智，所以，在语文教学设计中，我们更希望做好减法，留出余地，解放学生，解放提问，给学生自由表达的权利和方法。

取
"意"

作者之于文本，读者之于文本，两者之间存在着意义理解和主旨感悟的不同，会出现"一千个读者，一千个哈姆雷特"的现象。阅读心理学告诉我们，对语言文字的感知能力，既来自阅读者的心理特征，也来自后天的文化熏陶和教育训练，还同相应的传播阅读方法的教学形态直接相关。语言文字作为重要的交际工具，从来都和社会生活、人际关系、人的思维模式乃至心灵世界等密切相关。言语主体的身份、意图、生活体验、文化素养、思想感情等都影响着语言文字的表达运用，而作为读者或听者，也有基于自身身份、意图、生活体验、文化素养、思想感情等的理解、判断和内化，从而形成比较固定的心智模式和语言习惯，建构语感图式，生成语感的输入与输出机制。

小学语文"意·创"之法的首要任务是培养学生的语感，研究语言的理解、比较、运用、拓展，让语言教学的线索清晰明了。关注语感，好比造房子，框架结构、建筑材料，样样都必须符合要求，且坚固扎实。小学语文"意·创"之法建立了语感教学的常规课堂教学结构，形成了语感教学的基本教学模式，探索语感教学的多种策略，改变把语言文字以符号的方式直接输送给学生的灌输模式，还学生感知语言的情境、经验和心理活动。语言文字与学生的生活经验、阅读积淀相沟通，学生和作者在言语形式中契合，促进学生语文学科关键能力的形成。

第一节　对语感的认识

本节综述了多位教育实践家对语感的认识，从概念、内涵到策略，都做了比较详尽的阐述，并着重论述了语感教学在语文学习中的重要地位，为小学语文"意·创"之法实施语感教学奠定了理论基础。

一、关于语感的概念

1. 现代教育家对语感的界定

"语感"一词，最早是由夏丏尊先生提出的。1928年，他在《我在国文科教授上最近的一信念——传染语感于学生》一文中提到"对于文字应有灵敏的感觉。姑且名这感觉为'语感'"。他还进一步描述道："在语感敏锐的人的心里，'赤'不但只解作红色，'夜'不但只解作'昼'的反语吧。'田园'不但只解作种菜的地方，'春雨'不但只解作春天的雨吧。见了'新绿'二字，就会感到希望焕然的造化之工、少年的气概等等说不尽的情趣。见了'落叶'二字，就会感到无常、寂寥等等说不尽的诗味吧。真的生活在此，真的文学也在此。"

夏丏尊定义的语感是一种对文字灵敏的感觉，不光是对文字本义的理解，还包括在此基础上产生的各种联想，范围越大，代表主体对文字的感觉越丰富、领悟越深。

叶圣陶在《文艺作品的鉴赏》一文中对"语感"进行了界定："不了解一个字、一个辞的意义和情味，单靠翻查字典辞典是不够的。必须在日常生活中随时留意，得到真实的经验，对于语言文字才会有正确丰富的了解力，换句话说，对于语言文字才会有灵敏的感觉。这种感觉通常叫作'语感'。"

叶圣陶对语感的观点基本与夏丏尊一致，有所不同的是，他将语感所"感"对象由文字拓展为语言文字，把口头语言也纳入语感的感觉对象之中。同时，叶圣陶还强调了日常生活经验对语感的重要作用。

吕叔湘在《学习语法与培养语感》一文中对"语感"进行了界定："人们常说'语感'，这是个总的名称。里边包括语义感，就是对词语的意义和色彩的敏感；包括语法感，就是对一种语法现象是正常还是特殊，几种语法格式之间的相同相异等等的敏感；当然也包括语音感，有的人话总是学不像，就是对语音不敏感。"

吕叔湘从语言学角度，把"语感"分为语义感、语法感、语音感，突破了夏丏尊和叶圣陶只关注语言的意义和情味的局限。

2. 当代学者对语感的界定

洪镇涛是语感教学的实践者，他给"语感"下的定义是："语感是一种语言修养，是对一种话语系统的敏锐感觉。它是在长期规范的语言感受和语言运用中养成的一种带有浓厚经验色彩的比较直接迅速的感悟语言的能力。"他认为语感形成的基础是语感实践，就是"指导学生感受语言材料和运用语言""让学生多听、多读、多背、多说、多写成套的语言"。

王尚文所著的《语感论》是当代语感理论方面的重要著作，他给"语感"下的定义是："语感是思维不直接参与作用而由无意识替代的在感觉层面进行言语活动的能力，即半意识的言语能力。"他把"语感"所"感"对象定为言语，认为："一定的言语总在一定的生活场景中出现，它们共同积淀在言语主体的内心，被固有的心理结构组织在一起，于是形成了语感。"王尚文认为言语形式才是语感生成的根本。

李海林的《言语教学论》延续并深化了王尚文的观点，他对"语感"的定义为："语感是对语言与语境关系的感受，是对言语行为意义的感知，是对语表意义与隐含意义的关系的感知，是对言语对象的一种直觉同化。"李海林认为的"语感"所"感"对象是指被言语主体有效接纳的言语材料。

综合各家观点，虽然对"语感"的定义各有不同，但都将语感看作一种

"言语感受力、直觉力和同化力，即认为语感是一种抽象的言语能力，非具体的具有特殊指向性的言语能力"。可以说，"语感"是一种感性直觉层面上的言语能力，具有直接性、灵敏性、经验性、个人性的特点，可在长期语言感受和有意识的训练中得以增强和深化。

二、语感在语文教学中的地位

1. 以王尚文为代表的"语感中心说"

在早期，夏丏尊、叶圣陶、吕叔湘三位先生都对语感在语文教学中的重要地位有过评述。王尚文在前人的语感思想基础上，结合当代语文教学的情况，提出了"语感中心说"。他主张："语文学科应把语言转向言语，以优秀的言语作品吸引他们，点燃他们的感知、想象、情感、思维，广化、深化、美化、敏化他们的语感，通过以学生为主体的读、写、听、说实践，大步走向现实的社会生活，不断趋近课文作者——真正的人、优秀的人的精神境界，使他们也成为真正的人、优秀的人。""只有抓住语感这一根本，语文教学才有可能真正完成培养读、写、听、说等语言能力任务。"王尚文认为："语感是语言能力的'纲'，其他都是'目'；语感教学是语文教学的'纲'，其他都是'目'。纲举目张；否则，纲既不举，目亦难张。"

王尚文的"语感中心说"是基于语文学科的人文性提出的，是对长期以来语文教学注重工具性的一种拨正。

此外，李海林也是"语感中心说"的代表人物。他认为："新一代语文学家努力以语感和语感教学为核心，建立一整套语文教学新体系"，把"语感教学看作是语文教学的本质和核心，是语文教学的最终目的"。虽然他和王尚文的理论出发点不同，但两人对于语感教学在语文教学中所处的中心地位的认识是一致的。

2. 以潘新和为代表的其他观点

"语感中心说"将语感教学推崇至语文教学的中心位置，对此，潘新和教授认为，该观点"在下列三个问题中存在以偏概全现象：一、将言语感觉、直觉层面的语感培养置于语文教学的'中心'地位，那么，对言语的意识和思维层面上能力的培养，将置于语文教学的什么地位呢？二、遣词造句尚不能光凭语感，言语表现所涉及的方面更多，更不能光凭感性直觉了；三、言语主体的建构涉及诸多方面的修养，语感的培养只是一个方面，……将语感视为语文课程教学的'目的'和'中心'，显然夸大了它的作用"。

从潘新和教授对"语感中心说"的质疑中，我们不免会思考，语文教学的中心是什么？语感在语文教学中的地位是怎样的？就语文课程而言，语感的培养固然重要，但也绝不能忽略甚至排斥语文知识的学习。王荣生教授在《语感、语识与语文实践活动——对语感教学的课程论思考》一文中提出："语识在一定条件下可以向语感转化，其标志就是经反复使用而进入高度熟练状态，以至于能无意识地对之领会和运用，但并非所有的语感都能从语识转化而来，因为有的语感永远无法言传出来。"从中，我们可以看出语感与语识之间的转化关系。就一线教师而言，切实提高学生语文素养是教学的"本体"，语感和语文知识应该是语文教学的"两翼"，这一体两翼共同构成了语文教学。

三、在语文教学中培养语感的策略

1. 洪镇涛的语感教学策略

纵观当代对语感教学策略的研究，洪镇涛的语感教学理论是十分具有代表性的，他在实践的基础上总结出了一套完整的语感教学方法。他提出：（1）语感实践与语感分析并重。"让学生多听、多读、多背、多说成套的语言，这是语感形成的基础。但仅有语感实践是不够的，为了使学生对语言的感觉从无意识的自发状态提高到有意识的自觉状态，还要有语感分析，即分析语言的运用。"（2）加强与生活的密切联系。就是让学生从生活中学语言，也到生活中用语言。（3）建立一种语感教学课堂结构，即"感受语言，触发语感——品味语言，生成语感——实践语言，习得语感——积累语言，积淀语感"。（4）提出美读感染法、比较揣摩法、语境创设法、切己体察法等多种教学方法。

洪镇涛的语感教学策略具有较强的系统性，既有理论的建构，又有方法的指导，尤其是"四步语感教学法"，给一线教师提供了教学范式，值得借鉴。

2. 其他学者值得关注的策略

江平在《小学语文教学与语感培养》一文中提出："小学语文教学中基础语感的培养应该分层次且有侧重地进行。第一学段（即以往的低段）可侧重于字词语感和句子语感的培养。而第二学段（即以往的中段）在字词语感和句子语感培养的基础上，可侧重于节段语感，即自然节与意义段的语感培养。第三学段（即以往的高段）显然是在字词语感、句子语感和节段语感培养的基础上，侧重于篇章语感的培养。"论文提出了在小学阶段分段培养学生语感的观点，并提出了各学段的教学侧重点，从微观层面给小学语感培养提供了参考。

李晓华在《微观语感的训练与培养》一文中提出"选择教材中最适宜用来训练语感的材料"，将目光投向语感培养的"原始材料"，可以选择"遣词用句精当、叙事描写特别富于表现力的地方，言外之意最丰富的地方，感情最丰富、最强烈的地方，语言表达突破常规的地方，文理特别清楚的地方，上下文关联特别紧密的地方，富有音乐感的文章或语段"，这为语感教学在选材上指明了方向。

综上所述，只有将语文教学和生活实践相结合，通过长期对语言文字的涵泳品味才能有效促成语感的形成。

第二节 语感教学

当前"语文工具化"思潮泛滥，有些教师在课堂教学过程中，偏重书本知识，误以为"教材"即教学，教学目的是"学这一篇文章"，教学过程是"解释这一篇文章的内容"，教学结论是"这一篇文章的中心及这一篇文章的特点"。因此，往往把优美的文章劈章斩句进行语法分析，学生学起来枯燥乏味，脱离了文本的情感。

心理学理论及言语习得理论证明，儿童期是人一生当中语感发展的高峰期，沿着语感培养的轨迹来构思语文教学流程的方方面面问题，形成语感培养的教学序列，探索一套语感教学的有效途径，无疑是语文教学可行的思路之一。

一、小学语感教学的基本策略

"语感教学策略"即以学生主体感性习得为主，教师对教与学的活动程序、组织形式、方法等进行相对最优的选择，尽力在更广泛的有关教与学策略等系列中，找到科学的、更具有实效的教学策略，引导学生借助语言知识，联系生活体验，深入品味语言，感悟语言意蕴，掌握语言规律，使学生能够逐步感受、揣摩、体味到文章语言的深层含义、特殊情味，促进学生语感能力的提高。

理论上认为，语感教学策略中不存在能同时实现各种教学目标的最佳教学策略，没有任何单一的语感教学策略能够适用于所有的语文教学情况。所以，有效的语感教学需要有可供选择的不同策略来达到不同的教学目标，而且需要不断予以相应的监控、调节和创新。

1. 小学语感教学策略的达成目标

语感教学要努力遵循小学生的年龄特点，依据学生的个性、差异、学习问题来组织教学，想方设法依据现实条件进行情景教学，给学生创设宽松的学习氛围，重视生活体验，重视语言积累，促使学生全面参与、全身心参与。

探索语感教学的规律，遵循"观察——体验——反思——总结——再次实践——效果反思"的过程，形成一条有效的语感培养策略。

通过语感教学策略的研究，达到提高学生理解力和语言表达力、提高学生学习语文效率的效果。

通过语感教学策略的研究，使学生能背诵近百首课内外优秀古诗词，达到既有深厚的积累，又培养学生语感的效果。

多种形式地训练学生语感，提高学生学习语文的积极性。

优化语文课堂结构，提高教学效益，力求通过语感训练培养出一批文学爱好者。

2. 学生形成语感的规律

从语感的内涵来看，它既是一种动态的心理过程，有感知、记忆、联想、思维等心理因素参与的认读、理解、领悟、感受的阅读心理过程；又是一种静态的心理能力，是在长期规范的语文知识运用和语言训练中养成的一种带有浓厚经验色彩的，能直接迅速地直觉领悟和感受语言文字意义的能力。所以，从心理学角度分析，语感具有直觉性、整体性、情感性、审美性等基本特征。正确把握这些特征，对实施语感实践和语感分析具有很大的指导作用。

从语感培养的一般过程看，语感类别是其逻辑起点，语感生成是其逻辑展开，语感品质是其逻辑终点。按"语感类别、语感生成、语感品质"的标准对课堂语感教学策略加以提炼、归类和整理，不失为一种切实可行、行之有效的研究思路。

提炼与语感类别相匹配的语感教学策略。从小学中高年级的语感教学看，语感类型主要包括语像感、语意感、语情感、语法感、语音感等。因此，小学语文"意·创"之法要进行培养语像感、语意感、语情感、语法感、语音感的课堂教学策略研究。

提炼与语感生成相匹配的语感教学策略。根据有关人员的研究，人的语感生成大体上经历感受、领悟、积累、运用这样一个过程。在这一过程中，常用的课堂语感教学策略有：美读感染、比较揣摩、潜心涵泳、语境创设、切己体察。

提炼与语感品质相匹配的课堂语感教学策略。我们认为学生的语文素养在很大程度上体现于他的语感品质。语感品质的高低优劣又主要体现在丰富性、深刻性、敏锐性和独特性上。因此，小学语文"意·创"之法拟进行培养语感丰富性、语感深刻性、语感敏锐性、语感独特性的课堂教学策略研究。

3. 小学语感教学的策略

王崧舟老师在《小学课堂语感教学策略的研究》一文中对语感教学策略有具体阐述，在教学实践中，根据年级差别恰当运用这些策略，会产生不同的学习效果：

美读感染策略。诵读强调对语言文字的直接、整体的领悟，与语感的直觉感悟一致，注重诵读实践过程中的涵泳、意会、体悟，眼到、口到、心到，是培养语感的最佳策略。

比较揣摩策略。要求学生在不同语词、不同句式、不同话序的比较当中发现课文中语言运用的妙处，品评语言的意蕴和情味，是语感教学的有效策略。常用的方法有删比法、增比法、换比法、调比法、类比法、读比法。

潜心涵泳策略。研读文本，在熟读基础上潜心专注地研读，引导学生去品尝、去琢磨，体味无穷感受，领悟表达神韵。

语境创设策略。根据教学需要，教师可以创设特定的情境，借助学生的联想和想象，化干瘪枯燥的符号为形象鲜活的画面，还可通过重组表象创造出新的情境，让学生设身处地，以特定的身份参与言语活动，从动态语言中获得语感。

切己体察策略。把生活经验联系到语言文字上去，深刻感受自己的内心视像，借助文字的桥梁通达作者的心灵，直到自己的语感与文本水乳交融、互为一体。

二、小学语感教学的课堂结构

建构主义关于外显学习和内隐学习的理论观点，为语感的训练与培养开辟了新的天地。建构主义认为，一个人的学习过程是知识主动建构的过程，在外显学习中，阅读者是通过个体的同化与顺应来完成阅读学习任务的，而语感的直觉性、整体性等基本特征又与内隐学习的自动性、无意性等有着高度的正相关，因此，运用建构主义的内隐学习理论指导教师建立语感教学的常规课堂教学结构，会取得意想不到的结果。

1. 小学语感教学的基本途径

通过朗读培养语感。如：通过诵读、揣摩，培养语感；通过朗读与激发想象有机结合，诱发语感；通过朗读形成内心视像，激发语感。

通过语文基础知识的学习培养语感。如：借助标点知识，训练学生语言运用的情味感；借助词汇、语法知识，训练学生语言运用的规范确当感；借助修辞知识，训练学生语言运用的生动流畅感等。

通过习作训练培养语感。如运用仿写法、联想法、填空补白法、情境体味法。

2. 小学语感教学的基本结构

整体把握语言材料。"语感属于直觉思维，是对言语的直觉能力，直觉思维具有直接性、情感性、整体性、敏捷性等显著特征。"因此，与此相对应的语感也有这些特征。教学中，要让学生通过听、看、读、说等途径，从整体上感受语言材料，在熟悉内容、把握思路、了解主旨的同时，触发语感，即触发对文章的体裁、内容、气势、表达等方面的整体、笼统的感受。

深入品味语言材料。指导学生从语言运用的角度，扣住某些语感因素很强的地方，借助语言知识，联系生活体验，深入品味语言，使学生进一步生成语感。

巧妙实践语言材料。指导学生开展朗读重点段落、交流感悟心得、撰写语感随笔等活动，让他们进一步感悟语言之神妙，洞察语言之精髓，把握语言之理趣，从语言实践中习得语感。

主动积累语言材料。要求学生在熟读课文的基础上背诵全篇或重要语段，抄写精彩语句，有意识、有计划地积累语言、积淀语感。

三、小学语感教学的基本模式

语感能力培养不可能一蹴而就，语感教学要预防冒进思想，应采取与学生年龄阶段相适应的、能够为其所接受的形式，循序渐进。小学语文"意·创"之法通过比较低年级课文和中高年级课文中同一类别的课文，来探讨选用语感教学策略的注意事项，并在此基础上形成以学生语言实践为主的多种教学模式。

例如，比较写景类课文在朗读指导方面的异同，找出规律性的东西。我们一致认为，朗读是培养学生语感的最佳途径之一。朗读的方法很多，美读是培养语感的最佳方法。但随着年级的升高，美读训练要有变化。就低年级来说，在美读中获得语言信息和情感信息效果很好。对于中高年级的学生来说，需要教师指导学生通过理解词义、联想意义、把握内容、领悟精髓，来达到对汉语的主体意识、人文环境、事理逻辑、表达功能、语义内涵的深入领会，将"美读"与"涵泳"结合，将学生对文章的理解和其感情相互融合，把无声的书面语言变为有声的口头语言。这一过程培养得好，就能有机地提高学生的语感能力，提高学生对语言的意蕴、情感、韵味的把握能力，体现学生的再创造能力。

1. "诵读——感悟"模式

该模式比较适合低中年段，主要要求教师引导学生从读中感悟，通过反复吟诵，由初读到熟读，由熟读到美读，使学生达到"使其言皆出吾之口，使其意皆出吾之心"的境界。对于一些叙事、写景的课文，要注意"美读"，把作者的感情在读的时候传达出来。对于一些可用于朗读表演的课文，教学中要加强表情朗读，通过面部表情变化、身段表情和手势变化、言语表情变化等，以情带读，读中含情。

2. "想象——体验"模式

该模式很适合低中年段，主要要求教师借助图片、声音、多媒体演示和富有感染力的语言描述等多种方式激发学生在读中想象，调动学生的多种感官参与角色体验，引导学生入景入境。再现课文所描述的情境，帮助学生建立"内心视像"，以感受语言文字丰富的形象性，从而达到训练语感的目的。

3."品读——表达"模式

该模式比较适合中高年段，要求教师选择一些典型例句，如精彩段落，含义深刻隽永、生动形象的句子，准确的标点等，由语言到内容再到语言进行一番分析。要分析文章用哪些词语、句式和方式表达了什么思想感情、什么内容，为什么作者会选用这些词语、句式和方式，换了会怎样，分析词语的感情色彩、表达效果，体会言外之意，甚至分析病句的特点。指导学生深入推敲词语，让学生在具体的语言环境中体会作者用词的准确性、生动性。通过文字这道桥梁，使学生感其形、悟其神、体其情，引发语感，训练语感。

4."领悟——创造"模式

该模式很适合中高年段，要求教师结合教材特点，通过领悟课文内容、思想感情、表达形式等，采用讲故事、复述、读写结合、片段生发、迁移等方式，使学生将学习所得表达出来，与生活结合，与体验结合，增加语言运用机会，不断积累内化个体语言，丰富学生的文化底蕴，增强学生的发展后劲。

上述表述表明，目前小学语感教学研究还仅仅局限于单一的以范文教学为主的阅读教学课。语文教学是开放性的教学，语感教学需立足不断向外拓展的思想，教学内容应该由偏狭的教科书向丰富的语文读物拓展，阅读的时空应该由课内向无限的课外拓展。小学语文"意·创"之法要求教师加强阅读方法的指导，为学生提供宽松的阅读环境，探讨一些与语感教学相适应的新型阅读课型，如阅读方法指导课、自由讨论课、精讲补充阅读课、拓展积累课等。教师在"导"上下功夫，导趣、导法、导悟，让学生在广阔的书海遨游，自行提高语感能力。

第三节　语感教学策略的运用

从某种意义上讲，语文教学的根本任务是组织和指导学生学习语言，培养学生正确理解和运用祖国语言文字的能力。引领学生品味语言，要遵循学生学习语言的规律，在听、说、读、写实践中，让他们感受语言——领悟语言（形成语感）——积累语言——运用语言。感受，是学习语言的前提；领悟，是学习语言的关键；积累，是学习语言的基础；运用，是学习语言的目的。从感受到运用的过程，是学生在教师指导下，以感性习得为主的过程，是学生借助语言知识和切身体验，感悟言语意蕴和语言规律的过程。

一、辨词析句，变"囫囵吞枣"为"咬文嚼字"

苏霍姆林斯基曾向语文教师提出这样的要求："你们要培养儿童对词的感情色彩的敏感性，你们要使学生像对待音乐那样对待词的音响！形象地说，学生应当成为'词的音乐家'，珍视词的正确、纯洁、优美。"小学语文"意·创"之法要求教师引导学生加强对文章标点、字词、句子或段落的揣摩、比较、推敲，采用加一加、减一减、调一调、联一联、换一换、改一改等方法，让学生在比较中体味语言的妙处，然后结合文章的内在要求进行有感情的朗读，准确安排停顿、处理重音、调控速度、把握语调，把研读过的部分朗读出来，让学生沉醉其中，感悟语言的意蕴、情感、韵味。

例如，《燕子》这篇课文用简洁明快的语言描写了燕子的样子："一身乌黑光亮的羽毛，一对俊俏轻快的翅膀，加上剪刀似的尾巴，凑成了活泼机灵的小燕子。"阅读这段文字，不仅要让学生了解燕子的外形特征，还要让学生从

"乌黑光亮、俊俏轻快、剪刀似的、活泼机灵"这些词语中读出燕子的轻灵活跃，体察作者对燕子的喜爱之情。教学时，在学生观察燕子外形的基础上，我让学生用自己的词语形容燕子的羽毛、翅膀、尾巴，然后和作者的用词进行比较，体会课文表达的准确、生动，再朗读句子，读出词的轻松感、跳跃感、亲切感。最后，观看燕子轻盈飞行的录像片段，加深对文章遣词造句适境得体的整体印象。《燕子》一课中对燕子飞行动作的传神描写，同样值得我们逐字逐句进行研究。

可以这么说，在每一册甚至每一篇语文课文中，都能寻找到值得引领学生咬文嚼字的点。低年级课文，如《欢乐的泼水节》中的"开始泼水了，大家互相追赶，你拿瓢往我衣领里灌，我端盆向你身子上泼"，一个"灌"和一个"泼"字，很能体现泼水的场面，值得仔细推敲。中年级课文，如《槐乡五月》中的一个"浸"和一个"飘"字令人回味。高年级课文更是经典颇多，如《黄河的主人》对羊皮筏子和艄公的生动描写，《望月》"月光为它们镀上了一层银色的花边"中的"镀"。这些点需要教师用睿智的目光发现，用智慧的方法启迪，进行独到、深刻、精要的预设，使学生感悟语言精妙，洞察语言精髓，把握语言理趣，获得语言实践。

二、诱发形象，变"漠然接受"为"身心投入"

由于学生学习经验、知识储备和生活阅历尚浅，仅凭文章抽象的文字符号，难以呈现具体的形象，难以激起学生对语言的强烈感应，导致他们漠然地被动接受课文所描绘的语境，缺失了语感的敏锐性。俄国教育家乌申斯基曾指出，儿童是用形式、声音、色彩、感觉来进行思维的。教师要把文字所要表达的内容诉诸多种感觉器官，把语言文字中暗示着、凝聚着的内容融化开来，再造富有生气和感染力的形象整体，使学生可以依据具体的感觉形象，唤起丰富的想象，从而在阅读课文时全身心投入，始终保持思维的活力，达到细细品赏课文辞章的目的。

小学语文"意·创"之法要求教师根据教学需要，利用课文留下的想象空间，创设特定的言语情境，让学生设身处地，以特定的身份"参与"言语活动,从动态运用中获得语言感知。

例如,有教师在教学《欢乐的泼水节》时,为了帮助学生理解课文中"清水是吉祥如意的象征,谁身上泼的水多,就意味着谁得到的幸福多,怎么能不高兴呢"这几句写泼水节意义的话,设计了一个"记者采访"的教学环节,由教师扮演记者,随机采访由学生扮演的老爷爷、老奶奶、小姑娘、小伙子、小朋友等,询问他们高兴的心情,高兴的原因。教师有目的地问,问得风趣,学生运用从课文中习得的语言,加上自己的组织,回答到位。由于进入了情境,产生了体验,学生加深了对词句内涵的认知深度,理解了"吉祥如意的象征"这样抽象的词语的意思。

现代信息技术为教师创设情境、诱发学生形象思维提供了优良的设备条件,许多教师巧妙运用音响、图片、动画、录像等各种教育资源,深入体现文章所表达的思想内容,对充分调动学生的阅读兴趣,启发学生多维、多向地揣摩、感受、发现文章意义起到了巨大的作用。但是,在这里需要强调的是,信息技术要为学生学习语言、发展语言服务,作为一种辅助教学手段,它绝不能完全替代学生的思维和想象。小学语文"意·创"之法讲求实效,力避用了媒体演示后,语言文字学习就简单化、形式化的现象。

例如,我在教学《鸟岛》一课时,让学生欣赏鸟岛上鸟多的图片后,并不马上让学生读课文中的句子,而是让学生说说形容鸟多的词语,在学生说出十来个这样的词语后,鼓励学生选择一到两个词语来说说刚才亲眼见到的情景。学生运用语言后再读文中写鸟多的句子,就很自然地产生了似曾相识的感受,弄懂了课文遣词造句的表达方法。

三、还原生活,变"混沌未觉"为"切己体察"

特级教师薛法根在《走向智慧的语文教学》一文中深情地写道:"哪里有生活,哪里就有语文。如果离开了生活的意义,语文也就失去了内在的价值。然而,语文教学恰恰远离了学生的生活需要,教学内容局限于书本上、课堂里,没有融合鲜活的、丰富的社会生活,单调、乏味,失去了生活实践的情境和乐趣。因此,语文教学必须打通学生书本世界和生活世界的界线,必须和学生的生活需要、精神需要联系在一起。"著名特级教师李吉林介绍过她的一些做法，她带学生到野外去活动，看到河水中树木的影子，就教学生"倒映"，看到水波摇动的样子，就教学生"荡漾、鱼鳞似的波纹"，看到阳光照耀水面，就教他们"闪烁、波光粼粼"，学生通过生活，体会了词的形象色彩和感情色彩。

教师要自觉将文本学习与学生生活体验整合起来。如，教杜甫的名诗《春夜喜雨》时，恰逢农历二月春雨绵绵。上课铃一响，我就走进课堂宣布："今天我们到操场上上语文课。"先是一阵惊讶，接着一片雀跃。提完要求，学生们随我来到操场。一段自由活动之后，我向兴奋的孩子们提问："今天，你有什么新感受？有什么新发现？"小朋友们七嘴八舌地说开了。有的说："天空灰蒙蒙的，好像在下雨。"有的说："空气真新鲜，有点凉，有点湿。"有的说："春雨真调皮，它跟我们捉迷藏，我们找不到它，它却把我们的衣服和头发弄湿了。"更有细心的小朋友说："我看到春雨了，它挂在电线上，过一会儿才落下一滴。"这一句话可真提醒了许多的小朋友，他们立刻到处找起春雨来。不一会儿，在盛开的梅花瓣上，在刚刚苏醒的嫩草芽尖，在远远的楼宇间，在高高的屋顶上，在呼吸、在体会中小朋友们找到了春雨。每一双眼睛因为发现变得闪亮，每一张小脸因为觉悟变得快乐。学诗的机会终于来到了，我说："现在，让我来教大家一首描写春雨的古诗吧！——好雨知时节，当春乃发生。随风潜入夜，润物细无声。"此时，学生混沌的心灵因为生活的充实而豁然开朗。

小学语文"意·创"之法要求教师善于调动学生的生活经验，使之通过对形象的感知唤起相似的生活感受，敏感地接受课文中传出的情感信息，架起与作者情感沟通的桥梁，从而与作者的感情形成共振和交流。

第四节　语感教学的误区及对策

小学语文教材中收录了许多语言优美、文笔清新、叙事生动的文章，这些文章是培养学生语言感受能力的绝佳材料。这些语言典范、语感因素强的课文，适合学生品读、体味，提升阅读能力。然而，语感教学中惯常使用的朗读、品味、补充等手段，在实施过程中，尚有不少应该注意的地方。

一、克服"一读了之"的现象，在读思结合中揣摩语言精髓

教育专家认为，语感训练有两种方法，一是语感实践，二是语感分析。语感实践，就是指导学生接触、感受语言材料和运用语言，也就是说，让学生多听、多说、多读、多背、多抄、多写成套的语言。语感分析，主要是分析语言的使用，它不同于通常所说的"语文分析课"的分析。

语感分析不能等同于"语文分析"，前者强调培养学生对具体语言的感受能力，后者为理解课文内容和表达方式服务；前者与学生的语感实践相结合，学生自主品味语言，后者是把老师的解读、领悟告诉学生；前者与学生的生活实际、具体语境相结合，后者则是空洞的语法分析。

1. 强化自主的语感分析

首先，应让学生从总体上感受语言材料，在熟悉内容、了解思想感情的同时触发对文章清新风格、深厚情感的整体感受。其次，指导学生从语言运用的角度，联系生活经验，深入品味语言，进一步领悟语言文字的魅力。

如《北大荒的秋天》中有这样一段话："小河清澈见底，如同一条透明的蓝绸子，静静地躺在大地的怀抱里。一群小鱼顶着水游过来，明镜一样的水

面顿时漾起了一道道波纹。"在学习中，我让学生想象，透过清澈见底的湖水能看到河底哪些东西。学生借助生活，说出了自己所见到的游鱼、水草、沙石、小虾等，体会到了河水的清澈、平静。然后进行诵读，将自己的体会表达出来。

2. 进行语言的"教读"

要更好地发挥教师的主导作用，示范性地进行语感分析。

还是以《北大荒的秋天》为例，我问学生："为什么小鱼在水底游动时，水面是平静的，而现在小鱼游过来，平静的水面却变得热闹起来了呢？"在老师的引导下，学生关注到了"一群小鱼顶着水游过来"的"顶"字写得非常好，能够把小鱼的活泼可爱和水面的变化表现出来。由此，再引导学生进行更深入一层的朗读，学习写小河一静一动的具体描写语言。

这样具体、实在的分析，使学生参与了语感分析的过程，思考性和趣味性都比较强。

3. 适时朗读加深感悟

朗读是训练语感的最佳方法。要在学生充分研读句子的基础上，结合朗读，训练到位。譬如，要有紧张的感觉，语速加快，气势要大，读得快而有力。这样的要求是在理解深入的基础上进行的，不是机械地读，而是有切身感受地朗读表达，对培养语感能力十分有效。

二、克服"一找即过"的现象，在品词品句中体会句章深意

语感教学要立足语文课程标准，把握教材，设计教法，切实解决重点难点，不要让教学上的训练点变成形式上的热闹。对于重要的词语与句章，不能轻易放过，错失语感训练的良机！

例一：《做一片美的叶子》

在教学《做一片美的叶子》的时候，有位青年教师这样教学重点段第二段，这一段既写了叶子的形态各异，又写了叶子为大树无私奉献，句子优美但理解较难。这位教师这样处理：

先出示各种各样的叶子图片，然后出示句子进行练习：各种各样的叶子很

美，有的（　　　），有的（　　　）。

学生发言踊跃："各种各样的叶子很美，有的嫩绿，有的肥美。""各种各样的叶子很美，有的大大的，有的小小的。""各种各样的叶子很美，有的像扇子，有的像手掌。"

学生在教师的启发下说了很多树叶的形状，句子表述越来越精彩，课堂气氛活跃。

接着，教师在后续学习中对课文中的两个重点句一读带过。

用这种方法来理解叶子的"形态各异"，其实是错误的。因为课文中所说的不是不同树叶的形态各异，而是同一棵大树的树叶形态各异，这一发现需要作者与读者的细致观察。从三年级学生的学习能力出发，进行"有的（　　　），有的（　　　）"的句式训练已经没有必要，这样的训练是表面化的，对学生的实际能力促进不大。

教学这一段，完全可以让学生课前观察一棵大树的叶子，比较叶子形态的不同，总结出同一棵大树叶子颜色不一、形状不一，从而理解"形态各异"——你找不到两片相同的叶子。

节省下来的时间可以用来学习描写叶子为大树无私奉献的句子，联系幼年吃母乳的经历，理解"生命的乳汁"的意思，再由老师补充讲绿叶的光合作用，这样就解决了第一个难点。

教师还可以在"绿叶为大树而生"段进行拓展，在春天和夏天，叶子"把阳光变成生命的乳汁奉献给大树"。提出第二个难点"秋叶变黄，冬日飘零"——回归大树地下的根。为什么说还是为大树奉献呢？学生很自然地想到叶子变成肥料，成为大树的营养，从而深入理解"绿叶为大树而生"的深刻含义。

要帮助学生理解第三个难点，"大树把无数的叶子结为一个整体。无数的叶子在树上找到了自己的位置"。可以让学生自由地说一说叶子会感谢大树什么。在回答过程中体会大树给了叶子生命，给了叶子一个温暖的家，给了叶子一个发挥自己能力的位置，叶子要回报大树。将集体与个人互为依赖的辩证关系蕴含于回答之中。

最后通过"读写结合"，让学生围绕课后练习"假如你就是大树上那片美丽的叶子，你会想些什么？你会对大树、对人们说些什么"写一段话，既运用课文的语言，又写读后感受，从劝导人们争做"一片美的叶子"的话语中，学习第三大段"我们每个人都像叶子，为生活的大树输送着营养，让它茁壮、葱翠"。联系生活实际，做好准备，从理解到内化到运用，关注教学难点，落实语言文字的训练。

例二：《哪吒闹海》

审题时突出重点，整体把握文本形象。从审题开始，将课文学习的重点加以明晰，突出一个"闹"字，在学生面前展现三幅生动的"哪吒闹海"的画面。逐段朗读课文主要段落时，让学生回忆自己曾经看过的动画片，将语言文字所描述的内容一一展现在头脑之中，形成一幅幅生动的画面，概括出"摇晃水晶宫——打死夜叉——打败三太子"的故事梗概。再仔细地加以品读，分析推断发现，哪吒的"闹"一次比一次厉害，事情越闹越大，凸显了哪吒不畏强暴、越战越勇的整体形象。扣题而写，写得精彩。

这里还有一个小小的插曲：有一名学生举手发言，他认为打死夜叉比打败三太子更严重，课文关于"越闹越厉害"写得不对，这是一个学生在读懂课文基础上的"生成"。因势利导，同学们补充了哪吒把三太子抽筋剥皮的故事内容，证实了哪吒的"大闹"不假，对哪吒的英雄形象感知更进了一步。

随文识字解词，在遣词造句的基础上细细品味。对于哪吒形象的感知仅仅停留于此是远远不够的，课文中分别有三句话描写了哪吒的武艺高强、勇敢机灵。

摇晃水晶宫——他跳进大海里，取下混天绫在水里一摆，便掀起滔天巨浪，连东海龙王的水晶宫也摇晃起来。

打死夜叉——小哪吒可机灵啦，身子一闪，躲过了这一斧头，随即取下乾坤圈，向夜叉扔去。

打败三太子——哪吒一纵身，趁势抖出混天绫。

教师一般关注这三句话中的动词，让学生找出来，读一读，演一演，就此为止了。其实这样做，对于感知语言文字如何凸显哪吒形象是很不到位的。

我把重点落在第二、三句，带领学生重点研究"随即"和"趁势"这两个词语，一是弄懂词义；二是知道用法，将前后两个连接迅速的动作表达出来；三是认真研究哪吒的动作。哪吒面对迎面劈来的斧头，机灵地一闪，随即变防为攻，显示了哪吒的武艺高强和勇敢机灵。对付三太子，他也是这么反应敏捷，从"趁势"一词中进行感受。在这里，还可以让学生议一议，为什么面对劈来的斧头是"一闪"，而面对刺来的一枪是"一纵身"？"随即"和"趁势"意思差不多，为什么不用两次"随即"或者"趁势"？由此，让学生在辨析讨论中，知道用词要表达精准，要富有变化，也由此使学生头脑中哪吒的形象更为丰满。

三、克服"一搜完成"的现象，在筛选交流中提升研读精神

培养学生的语感能力，更需要一丝不苟的研读精神。当教师引导学生以热情的、探究的状态去对待文本的补充材料时，学生会自然而然地生成对语言的敬畏之情。

小学语文"意·创"之法让学生通过多种学习资源和途径，了解相关知识，链接相关内容，进行补充阅读，这是教师经常采取的提高学生阅读能力的重要手段。但是，随着学生不断搜集资料，又出现了信息量多而杂的问题，学生不会吸收有用的东西，把搜集来的东西交给老师，就算完成任务了。教会学生在庞大的信息中筛选、吸纳知识，成了教师必须指导的内容。

以苏教版三年级上册第六单元为例，《石头书》《小稻秧脱险记》《航天飞机》这三篇课文，采用不同的形式告诉学生有关科学知识，致力于学生的科学精神培养。让学生上网搜集资料、下载相关内容，成了本单元的主要学习任务。为此，我特意调整了本单元的教学进度，特意安排了交流课外资料的环节，时间安排相当充足，教学目标十分明确，教学步骤清晰分明。

让学生在规定时间内阅读手头的资料，采用自由阅读形式，可以自己一个人阅读，也可以和同学一起阅读，可以大声读，也可以默默看，但必须从阅读中挑选出自己感兴趣或者第一次知道的内容进行重点阅读。

进行充分的交流准备。结合思考，将自己认为重要的内容用清晰的语言进

行组织，然后记忆或者背诵出来，再进行交流。这一环节非常重要，一方面可以将重要的信息进行记忆；另一方面，避免了学生盲目介绍。对于三年级学生来说，要求可以放得低一些，我只要求他们用一两句话介绍其中一个特点。

交流时要注意点拨和归纳。交流是必然的环节，但交流的内容常常杂乱无章，不能使学生有效吸收，所以，教师要在学生交流时进行必要的点拨。

例如，在学生介绍"化石"的知识时，学生介绍一个，我就在黑板上板书一个，分别写上了"化石的形成、化石的种类、化石的分布、化石的作用、三叶虫化石、水母化石、恐龙化石"等词语，并且为了激发积极性，还在归纳内容的下面写上了归纳此内容的学生的名字。

进行整理建构。当学生基本将重要信息陈述完之后，每个学生的头脑中都留下了不少知识痕迹，黑板上也留下了不少内容提示。但这些知识内容是不够清晰、缺乏层次的。这时，教师应该和学生一起进行整理，哪些是与课文密切相关的，哪些是课文以外新吸收的，哪些需要进行辨析，哪些需要加以丰富，哪些需要进行筛减，通过整理获得有效信息。

例如，在交流《航天飞机》课外资料之后，我发现有许多关于火箭发射、宇宙飞船、太空舱、空间站等的内容，由此推断学生混淆了航天飞机的概念。为此，我让学生再次阅读课文中关于航天飞机外形与作用的句子，又补充了美国航天飞机的相关知识和人类探索宇宙奥秘的进程等知识，帮助学生进一步提高对文本语言准确性的认识。

合理运用与补充阅读资源，恰巧就是细致、准确、到位地进行语感训练的重要手段，因而千万不可掉以轻心。

语境是学习者建构语文意义和恰当应用语言的必备条件。语言脱离不了环境，这种语言的环境可以理解为语境。人的学习心理学有三大原则：主动参与原则、双通道原则和学习容量原则。其中，双通道原则指的是学习有文字符号通道和实物图像通道，语境就是联结这两个通道、建构深层次意义的平台。在语境中学习，在语境中运用，是学习语文的有效路径。

语境是语文意义植根于童心的核心要素。我们经常教学生通过联系上下文来理解词义、句意、段意，这种学习方式就是将学生带入语言环境，寻求它们之间的关系，感悟其中的意义。除此之外，语境还有很多，生活的语境是学生理解语言和运用语言的基础。师生、生生交流的方式往往由两者所处的语境左右，这是教学的语境。词不达意、沟通不畅、理解不到位，也往往是受语言使用者双方的语境差别影响的。

小学语文"意·创"之法重在创设情境，扣住文本中情境因素强的地方，让学生披文入境，深入品味语言，逐步感受、揣摩、体悟语言文字的深层含义。同时，学生在语境中能否获得恰如其分的语言感受，还取决于语境的感知能力。语境感的品质和层次有待培养，这是小学语文"意·创"之法着重探讨的另一个重要问题。

第一节　对语境的认识

　　本节着重论述学术界对语境含义、分类的界定，探讨语境与语用、语境与教学之间的关系，并就目前教师经常使用的语境教学方式做一归纳阐述，这也是小学语文"意·创"之法经常谈论的话题。

一、语境的含义

　　关于语境是什么，学界还没有统一的说法。近年来，伴随着语用学的研究热潮，语境作为与语用相关的概念得到了挖掘与重视。语境的含义是什么？陈望道在《修辞学发凡》一书中指出，语境包括"何故""何人""何事""何地""何时"以及"何如"这六个构成要素。这是我国学者首次明确提出"语境"的定义。

　　王德春则认为，语境是时间、地点、场合、对象等客观因素和使用语言的人的身份、思想、性格、职业、修养、处境、心情等主观因素所构成的使用语言的环境。王德春的释义使语境的内涵逐渐丰富。

　　20世纪80年代，在《现代汉语》中，张志公论述了语言环境与语义二者之间的关系，指出，所谓语境，从比较小的范围来说，对于语义的影响最直接，是现实的语言环境，也就是说话和听话时的场合及前言后语。张志公从语义的角度阐述了语境的含义，有一定创新，但也不够全面。

　　王希杰认为，语言环境，也可以叫作"交际场"。在现实的交际活动中，只有当交际的双方有条件地联系起来，组合而成为一个"交际场"，交际活动才能够正常地开展，信息的交流才能正常地进行下去。王希杰把"交际"概念引入对"语境"的理解中，使语境的阐释进一步清晰。

王建华在《关于语境的定义和性质》一文中提出："语境是语用交际系统中的三大要素之一；它是与具体的语用行为密切联系的、同语用过程相始终的、对语用活动有重要影响的条件和背景；它是诸多因素构成的、相对独立的客观存在，又同语用主体和话语实体互相渗透；它既是确定的，又是动态的，以语境场的方式在语用活动中发挥作用。"以上是语言学家从语言理论的角度给出的对"语境"含义的认识。

另外，一些当代的语文教育家也给出了属于自己的关于语境的定义。在《言语教学论》一书中，李海林认为语境应该紧紧围绕言语过程，而不是言语活动者和语言。基于以上观点，他认为："所谓语境，就是指言语活动赖以发生和进行的条件系统。"李海林的观点充分考虑到语境在教学中不可忽视的存在。

孔凡成认为："语境的概念必须具有概括性，能够涵容其所有外延，具有通俗性特点，大部分人见了就能明白其基本要领。据此，语境就是言语交际环境，即与具体的言语行为密切联系的、同言语交际过程相始终的、对言语交际活动有重要影响的条件和背景。"孔凡成认为应该把教学中的语境当作语境的一个分类来看待，语境的概念必须具有概括性。

综合以上语言学家和语文教育研究者关于语境含义的界定，我们可以看出：虽然现在对语境的含义尚未明确，但可以确定的是，"语境"一词表明言语交际产生于一定的环境，而教学就是一种言语交际的过程，"语境"是影响教学的重要因素。

二、语境的分类

语境的分类对研究语境有重要意义。西槙光正认为："语境本来就是语言的一种客观属性。"西槙光正从语言的客观性出发的此观点，笔者认为有失偏颇。冯炜认为："语用语境的主要特征是主观性、完整性、可变性和个体差异性。"冯炜认为语境更偏向主观性的概念，笔者认为也是不够全面的。在《语境学是修辞学的基础》一文中，王德春认为言语环境包括主观因素和客观因素。并且，在言语交际活动中，这些纷繁复杂的因素交叉在一起，共同影响着我们的言语交际活动。王德春认为语境有主客观之分，主观的语境和客观的语境都影响言语交际活动。

除了从主客观角度进行的分类，在《论语言的环境》中，王希杰又把语境分为小语境和大语境，其中，小语境是指上下文语境，大语境指的是情境。这是对语境更为细致的划分，但是这样的分法较为笼统。在《关于语境的构成与分类》中，王建华认为语境由言内语境、言伴语境、言外语境三者共同构成。王建华的观点与大语境和小语境的观点相比，其实就多了个"言伴语境"的概念，这个概念的阐释比较模糊，不容易说透。

李海林在《言语教学论》中认为现实语境和言辞语境共同构成语境。他在语用学中也对语境进行了划分，他认为语境分为言辞语境和现实语境。在此基础上，他对现实语境和言辞语境又做了进一步的细化。李海林是以语用学为理论基础进行语境分类的，可以说他的分类是比较全面的。

结合以上分类观，语境在教学过程中，笔者认为可以分为文本语境、读者语境以及教学情境语境三个方面。其中，读者语境包含师生双方的认知结构、水平以及所处的社会环境等。文本语境指课文的上下文语境。教学情境语境指教学的客观环境。如果从这三方面入手去完善教学的语境，那么学生在教与学这个言语交际的过程中会受益匪浅。

三、语境与语用的关系

语用学是20世纪七八十年代，由西方学者建立起来的，是隶属于语言学的一门新学科。语言是人与人交流的重要工具，但语言的交际功能只有在特定的语境中，才能更好地发挥作用。语境的概念，最早是由人类语言学家马林诺夫斯基提出来的。马林诺夫斯基把语境分为两类：文化语境和情景语境。文化语境指说话人生活于其中的社会文化背景，情景语境指语言行为发生的具体情境。索振羽在其著作《语用学教程》中认为，语境是人们用自然语言进行言语交际的言语环境。语境研究的内容包括上下文语境、情景语境、民族文化传统语境。上下文语境包括口语的前言后语，情景语境包括时间、地点、话题、场合、交际参与者等，民族文化传统语境包括历史文化背景、社会规范和习俗、价值观。

四、语境与语境教学的关系

理解语境与语境教学的概念。索振羽在《语用学教程》中认为，语境是人们运用自然语言进行言语交际的言语环境。这个概念较为概括，但是也点明了语境教学想要取得效果，语言一定要"自然"，生硬的语言会损害语境教学的效果。孔凡成在《语境教学研究》中认为，语境教学指作为以培养学生的语文能力为宗旨的言语交际活动的语文教学，必须遵循和运用语境理论来指导教师的教和学生的学。其主要内容包括五个方面：教材中要有系统的语境知识内容，应交给学生运用语境知识进行语文学习的方法，教师应用语境理论来指导自己的教，运用语境教学理论开展语文教学评价，运用语境教学理论指导教师备课。孔凡成提出的关于语境教学的五大教学内容非常具体，值得借鉴运用。

语文语境教学理论是在语用学语境理论研究的基础上逐步发展而来的，它将语境研究与语文教学实践相结合，用语境理论来进行有效的语文教学。徐景贤认为："所谓语境教学，属阅读教学范畴，它侧重于利用语境因素探讨语言文字的隐含信息。"徐景贤把语境教学归为阅读教学的范畴不是很合理，不可否认，阅读教学占了语境教学的很大比例，但是根据"语境是一种交际活动"这一概念，作文教学也可以成为一种"交际语境"的写作。除了阅读和写作，斯霞所提倡的"字不离词、词不离句、句不离篇"更是一种把字词教学融入语境教学的做法。李海林在其著作《言语教学论》中，把语境教学作为语文课程的教学内容和语意教学、语体教学并列。

从以上语境与教学的关系中，我们可以看出：语境教学是用语境理论来引领语文教学的。师生双方在语境中开展行之有效的语文学习活动，不断培养学生的语文素养和语文能力。针对语文教学这种深度依赖师生双方交际的教学活动，语文教师在进行教学活动时，要认识到语文课堂语言对师生双方活动有着制约作用，还要意识到具体的语境对教学的促进作用。在进行教学活动时要合理创设情境，把握语境。

五、语境教学的方法

根据与小学语文教学契合度较高的著作《语境教学论》中的论述，语境教学的方法有三种。

1. 上下文语境教学法

上下文语境教学法就是指在教学中教师利用上下文之间的语境，指导学生理解文章字、词、句、段的含义。上下文教学法是最基本的教学方法之一，在阅读教学中运用广泛。

2. 社会文化语境教学法

社会文化语境教学法，通过分析具体社会文化语言环境来进行教学。教师在教学中利用一个人全部生活经验及认知结构进行教学设计。在教学之前要了解学生已经知道了什么，对学生学习知识与学习能力有一个预测，在课堂中激发学生的生活经验，遵循学生的认知结构，有的放矢地进行教学。

3. 情景语境教学法

情景语境教学法是指利用话题、对象、关系等因素开展教学活动的方法。恰当地使用课堂生成的情景语境因素，有助于教学内容连贯展开。李吉林老师的情境教学为我们提供了大量的案例参考。

上下文教学法、社会文化语境教学法和情景语境教学法为小学语文语境教学提供了方法指导。

六、对语境理论在小学语文教学中的认识

"语境"的概念虽然提出时间不长，但它其实一直存在于我们的日常实践中。古人所说的"读书百遍，其义自见"何尝不是运用了"上下文语境教学法"来求得对文章含义的理解？语境教学其实早已经以"另一种说法"形式存在。叶圣陶先生认为语文学习需要从生活出发设置境遇，即创设语境。夏丏尊在《夏丏尊论语文教育》一书中强调教育背景亦即教育语境在教学中的重要性，指出语文教学应该关注语境，认为不仅应该关注文本语境，而且应该关注文本产生的时代语境。

李吉林老师的"情境教学法"的成功实践告诉我们，"语境"是语文教学不可忽视的因素。语文教学要达到语用的目的，必须牵住"语境"这个牛鼻子。传统教学是一种知识的灌输，只有在语境理论的指导下，教学活动才能真正成为师生之间的一种交际活动。在这样的交际活动所营造的语境中，学生才能获得语文能力，提升语文素养。

在小学语文语境教学的内容与方法上，根据语言学家与教育学家的论述，我们可以从以下几方面把握：根据小学语文教学的内容分类，语境教学可以贯串字词教学、阅读教学和写作教学，这为小学语文教学内容的重构提供了广阔的内容支撑；根据语境教学法的分类，我们可以从上下文语境教学法、社会文化语境教学法和情景语境教学法三方面入手，设计教学，展开教学。

小学语文教学的"意·创"之法从字词教学、阅读教学、写作教学三方面运用语境教学法进行以学生为中心的教学探索，着力提高学生的语文学科核心素养与语文能力。

第二节　语境与语用

语文教师在研读文本的过程中，往往孤立地关注语言表达方式，孤立地就遣词造句的手法进行讲解。这是忽视语言运用环境的具体表现。

语言运用的环境，即为语境。语境是语用的基础。学习和掌握语境知识，有助于理解语句的实际内容和内在含义，有助于丰富语言表达，提高语言能力。关注语境，语用培养的过程就不会浅尝辄止。

一、关注语境的意义，让知识具生

"言语能力的提高，要依赖言语环境。所以，忽视使用语言的环境，学生纵使记住语言规则，仍不能适应环境灵活使用语言，达到交际目的，完成交际任务。"李海林在《言语教学论》这本书中谈到语境促进语文知识掌握时，做了以上引用。

的确，我们经常在课堂上听到教师在讲某句用的是什么修辞手法，这种修辞手法好在哪里，或者将重点句子、段落进行分析让学生说说课文好在哪里，又或者让学生仿照句式、段落进行读写。这些手段的运用在一定程度上体现了教师能将教学的着眼点放在文本的语言知识上，教学设计也能落脚在如何让学生进行语言训练上。但是，这样的教学实际往往呈现讲解呆板、训练机械的教学现状，似乎又有将学习知识作为技能训练的极端嫌疑。

我曾经看到一位教师在执教《小露珠》时，短短40分钟教学，光设计的句式训练就多达5处，一会儿模仿句段学习打比方，一会儿用三种不同的因果关系来表达，一会儿用重点词"渐渐、越来越"练习造句，一会儿又写植物们对小露珠说的话，等等。教师讲、写、练的手段不断变化，语言训练频次很高，课堂上很热闹。

课后，我问教师，为什么要进行这么多的语言训练？你是基于何种教学观点来发现这些训练点的？教师很诚实地告诉我："很多都是要考的，如果不练，会影响语文成绩。"我不得不说，这些训练确实让语文课看起来很扎实。然而，脱离了语言环境讲解"语文知识"或者训练"语文知识"，最终学生只是机械地掌握了一个名词或概念，一旦具体的语言环境发生变化，能不能灵活贴切运用就要打上大大的问号了。

反之，关注了语境，语文知识就能变得具体化、生动化。词语好在哪里？句子好在哪里？不是凭空就能揣摩出来的。语境与语言规则之间有着深刻联系，它能使语文知识在联系了时代背景、文体风格、语言特色、上下文等语言环境后得以具体表现，从而容易被学生正确认识、理解、辨别并感悟。

例如，有了关注语境的思想，教师在指导学生诵读时，就不会以一种千篇一律的朗读姿态去教学，而能通过不同的诵读手段或技巧，让学生进入不同的情景，发现有感觉的词语或者句子，然后再进行相应的句式训练，达到化境为知的效果。

以《月光启蒙》这篇课文的诵读为例。在这篇文章中，写了妈妈为孩子唱动听的歌谣和风趣的童谣。这些歌谣和童谣，都是有一定节奏的，但这节奏要根据所处环境的不同而不同。

教学中，教师一般会采用打节奏的方式，让学生唱一唱动听的歌谣，从而理解文中对母亲的描述："她用甜甜的嗓音深情地为我吟唱，轻轻的，像三月的和风，像小溪的流水，小院立即飘满了她那芳香的音韵。"学生跟随拍打的节奏唱这些歌谣，能很好地体会文中对母亲唱歌谣的描述。

然而快节奏的伴读，却不适合对母亲唱童谣片段的学习。因为在唱童谣这一片段中，文章写道："民谣童谣唱过了，我还不想睡，就缠着她给我说谜语，让我猜。"孩子入睡前，母亲用童谣哄孩子睡觉，因此朗读时不能快节奏，更不能学着猫叫、狗叫、老鼠叫，虽然很风趣，但这不符合语言运用的睡前环境。只有轻轻地柔柔地朗读童谣，才能与作者描述的环境相匹配。

从语言环境入手，能有意识地培养学生借助不同的阅读方式体会不同的语体意义的能力，从而达到将语言情景与生活经验、情感体验相结合，内化语言习得，提高认知能力的功效。

二、关注语境的功能，让情景再现

语境的核心是语意理解，它能帮助阅读者从笼统的意义中推断出具体的信息，并推断出存在于意义之外的信息。因此，李海林把语境的功能分为"解释功能、判断功能和生成功能"。一个语境生成后，很多信息就分别以外显或者内隐的方式寄予在语言文字之中了。

当学生看到文本时，并不能一下子看到语境，而要借助关注由特定场合、特定范围、特定对象等所创设的社会环境、自然环境，研究文本中上下文、时间、空间、情景、对象、话语前提等语境，即"研究交流双方的表达意图、社会背景、心理状态和行为方式，强调解释与交流、情感与环境等语用因素的作用"，将语言具体化、情景化，从而唤醒经验、激发体验，达到判断确切含义，产生独特理解，生成崭新意义的功效。

以《船长》一课为例。当"诺曼底"号被"玛丽"巨轮剖开一道大口子时，课文描写道："顷刻间，所有的人都奔到甲板上，男人、女人、孩子，半裸着身子，奔跑着，呼喊着，哭泣着，海水猛烈地涌进船舱。"在这段话中，不仅句意明确无误地描述了人们惊慌失措的可怕场面，还使用了不少短词、短词组以及频繁的顿号与逗号，以此来加速读者对紧张气氛的感受。前者是读者一读就能感受到的，后者则需要教师慧眼发现，智慧点拨。

有教师注意到了这一通过使用短词短句营造语言气氛的手法，让学生在关注语词的时候，朗读体会，加快语速，加重语气，教师边读边导，让学生逐渐明了了短词短句和标点符号在此处的巧妙作用。

同样，在《船长》一文的另一组对话中，船长与水手还是说的短词短句：

"洛克机械师在哪儿？"

"船长叫我吗？"

"炉子怎么样了？"

　　"被海水淹了。"

　　"火呢？"

　　"灭了。"

　　"机器怎样？"

　　"停了。"

　　船长喊了一声："奥克勒大副！"

　　大副回答："到！"

　　船长问道："还能坚持多少分钟？"

　　"20分钟。"

　　"够了。"船长说，"让每个人都到小艇上去。奥克勒大副，你的手枪在吗？"

　　"在，船长。"

　　"哪个男人敢走在女人前面，你就开枪打死他！"

　　这组对话表现了船长临危不乱、镇定自若、指挥有方的特点。充分运用的短词短句，简洁地表达了船长的思考路径。更重要的一点是，当时恶劣的现场情景不允许拖泥带水地说话。

　　有教师抓住了这一素材，训练学生体会语言表达必须注意场景的语用要求。他出示了另一段表达同样意思但明显不合适的对话，与课文对话进行比较：

　　"洛克机械师，你在哪儿呀？"

　　"船长叫我吗？我在这儿呀！"

　　"炉子现在怎么样了？"

　　"已经被海水淹了。"

　　"那么炉子里的火呢？"

　　"火也全部灭了。"

　　……

　　通过对比，学生感受到了短词短句的使用是紧急情况的必然，是表现人物勇敢、果断性格的必然。由此，加深了认识：语言使用要考虑不同语言环境里的不同用法，以及不同用法所带来的不同的表达效果。

由以上例子可以明晰，同一个词语、句子在不同的语言环境中会产生不同的意味、表达不同的含义、传达不同的情感。语文教学要借助课例的"举一反三"，教学生揣摩语言的细微差别，辨别隐藏在语义表层后面的意义，学习遣词造句的基本方式。

还以《船长》为例。在以上两个步骤的到位训练之后，训练点从内容迁移至表达方式，提出两个读写结合的训练要求：

一是以船长、乘客、水手的身份写一写此时此景的感想。

二是语言表达上要注意语气和语速，以此体现不同人物在当时环境中的心情。船长的毅然决然，水手与乘客的敬仰、尊重、痛惜与感激。

在这个案例中，教师始终关注在特定环境中语言使用的变式，关注语境的功能，每一步都比原先停留在就句义讲解句义、就句式学习句式的方法更深入了一层。

三、关注语境的内容，让语义还原

在语文教学中关注语境，必然要涉及语境的内容。李海林在《言语教学论》中，将语境的外延分为言辞语境和现实语境两大类，具体语境内容分类如下：

语境内容分类表

第一层级	第二层级	第三层级	第四层级
语境	言辞语境	语意语境	话题对述题的制约和影响
			焦点对已知、未知信息的制约和影响
			预设对蕴涵的制约和影响
		语式语境	关联
			省略
			语式
	现实语境	情景语境	现场环境
			人际环境

续 表

第一层级	第二层级	第三层级	第四层级
语境	现实语境	背景语境	社会背景
			历史背景
			民族文化背景

从这一分类表可以看出，任何语境都是和言语有着密切关系的。小学语文教材是最为基础性的语言文本，其设计的语境并不复杂，主要是依据小学生学习语言的特点，螺旋形呈现几种较为典型的语境，如言辞语境中的话题对述题的制约和影响，现实语境中的情景语境、背景语境等。

从语境内容的角度去解读文本，可以敏锐地捕捉到咀嚼语言文字的着力点，从而可以有效地帮助学生提高语言感受能力。

以七年级教材《走一步，再走一步》为例。

（1）关注全文的现场背景就能发现，第一句写"闷热"，"那是费城七月里一个闷热的日子，虽然时隔五十七年，可那种闷热我至今还能感觉得到。"但是全文没有一句对"闷热"的具体描写。因此，教师让学生揣摩：那仅仅是因为我遭遇了"闷热"的心情。这是一种迁移心情的描写。

（2）带学生感受语境的合适性。研读极为典型的几处写"我"紧张的句子，"蹲在石架上"和"伏在岩石上"的不同姿势，从动作变化中揣摩出"我"越来越"害怕"的心情。这就是对语言的真正研读。

（3）关注语境蕴含的意义，父子的一段对话，在平实中能体会出父亲安抚方式之巧妙和"我"的情绪变化。

"下来吧，孩子，"他带着安慰的口气说，"晚饭做好了。"——父亲没有责备或者大呼小叫，而是用叫"我"吃晚饭的平静语言安抚"我"紧张至极的心情。"我下不去！"我哭着说，"我会掉下去，我会摔死的！"

让学生关注两个感叹号的使用。而后：

我慢慢地把身体移过去。"看见了。"我说。

标点为句号，说明"我"的心情已经归于平静。细腻的阅读，使得学生能慢慢感受语言甚至标点的作用。

此外，值得注意的是，小学高年级开始侧重"篇章"，语境对整体性教学有着不容忽视的作用。"语式语境"提示我们要关注整篇文章的语言风格、作者语言习惯、文体的语言特征等。这样的语文教学，才能更为凸显语言教学的效度。

以高年级教材《青海高原一株柳》为例。这是一篇散文，作者陈忠实。文章借物抒情、托物言志，赞美了这株柳树伟大的生命力。全文对柳树的描写集中于第1到第5自然段，从第6自然段开始是联想。

作者所产生的联想并不是空穴来风，这些联想主要来源于这棵柳树给予作者的一个强烈的冲击。因此，从全文结构来说，第1到第5自然段对柳树的描写非常重要。作者着力于青海高原苍凉大背景的描述，由此突出了这一株柳的神奇。文本写道：

"面对广袤无垠、青草覆盖的原野，寸木不生、青石嶙峋的山峰，深邃的蓝天和凝滞的云团，心头便弥漫着古典边塞诗词的悲壮和苍凉。"

"连绵的铁铸一样的青山，近处是呈现着赭红色的起伏的原地，根本看不到任何一棵树。没有树林的原野显得尤其简洁而开阔，也显得异常的苍茫。"

这些精彩的描写为这株柳树设置了一个巨大的背景，从而使读者和作者一同对这株神奇的柳树产生强烈的感受。

教师要将教学的重点放在对柳树的外形描述上，抓住关键词，体会出这株柳树的粗实、坚硬、高大。但不容忽略的是，作者在对柳树的外形进行描写时，还表达了自己的强烈感受。比如，写柳树的叶子"如此之绿，绿得苍郁，绿得深沉"，马上就写"自然使人感到高寒和缺水对生命颜色的独特锻铸"。又比如，写它"巍巍然撑立在高原之上"，马上就写"给人以生命伟力的强大感召"。这两句的描写方法，都是前半句写柳树的样子，后半句表达作者的感受。正是这种夹叙夹议的方法，使整段的描述都带着强烈的感情色彩。

裹挟着这样的充满正能量的"语势"，振奋积极向上的乐观态度，让学生运用"经历了……但是它……，所以我评价它是一种怎样的柳树"的句式，共鸣情感，提升表达。这时，语境就起到了助推语用能力的作用。

总之，关注语境，语用培养才有可能成为有本之源。

第三节　学习语境的开发

在语境中学习，是语文教师实施有效教学的重要手段。然而，在创设语境的过程中，我们往往会特别关注有关知识本身或教学内容的情境，而忽视能够激发、召唤学生产生良好学习状态的情境，情境的作用被异化。因此，关于语境开发，我们需要更为深刻的理解与创新。

一、开发对建构认知充满意义的学习情境

对于情境的认识，我们似乎从一开始就存在着误区。我们单纯地将学习情境设定在与教学内容相关的狭义范围，千方百计调动朗读、语言渲染、媒体使用等教学手段将学生带入预先设定的课堂情境中去。学生在一定时段、一定范围内确实能进入当下情境，被关联、被召唤，产生学习情绪，获得学习冲动。但是，这样的情境从原则上说，不是学生学习的真实情境，它会伴随着时间的推移消失。当学生不能存在于与教学情境相似的学习情境中时，建构新知识的链条就会断裂。

我所说的以上现状，常常在课堂上出现，完全可以用来解释为什么当煽情的音乐停止、优美的画面消失之后，学生无法回答老师就刚才设定的情境提出的相应问题。当学生茫然地面对文本、面对问题答非所问时，可能很多教师责备学生的木讷、迟钝、冷淡。殊不知，这样的状态源于我们创设的情境，它脱离了学生真实的学习环境和生活环境，没有产生学习的推动力。

而适切的学习情境应该做到，能触发学生情绪的心弦，能触动学生自觉

地改变，能引导学生实际的行动。学生才是知识、情感的实际建构者，课堂教学的现场应具备强烈的现场感，这就是情境的真正力量。

二、开发对教学情境充满意义的学习情境

我们不可否认，教学情境与学习情境存在着很大区别。

有专家曾经询问过我这个问题，为什么课堂上的学习与实际生活的学习存在如此大的区别，这样的大区别教师如何去弥补？我们发现，对于低年级学生来说，这样的区别会相应小一些。一方面，在低年级的课堂里，由于教学内容与生活内容、儿童年龄特点十分接近，教学所创设的情境与学生自身所存积的知识结构十分相似，新的信息很快被整合、吸纳、转化为新的结构元素。另一方面，教师更多地关注学生的学习状态，通过课堂上的倾听、肯定、激励、情绪传达、比赛竞争等个性化的援助方式，激发低年级学生对学习的乐趣、喜悦、需求和愿望，虽然这样的意向与情绪可能比较表层化，但确实在一定程度上放大了优势信息，促进了学生在学习情境中产生学习的能动性。

进入中高年级之后，教师可能更多地关注知识本身，教学中出现了以语言知识和文体知识来分析文本的倾向，教师从语言内容细读转向语言结构性阅读，重视文本的表达方式，重视教学生掌握语文知识。在凸显这一教学思想转变的过程中，有的教师抛开了接受知识要有情感基础和情境创设的原则，机械地肢解语言本身，产生了"贴标签"式的教学情境。

有的老师总是告诉学生要这样朗读，读出感情，读出语气。告诉学生，这个词、这个句，包含了感情。可学生就是不买账，就是感觉不到位。例如，《姥姥的剪纸》一文中的最后一张剪纸，充满了期盼，充满了思念，充满了各种复杂的情感。如果在全文教学中，没有逐步渲染的情味，那么让学生说剪纸表达了什么感情时，学生就只会"贴标签"了。

而另一位教师是这样营造学习情境的。她抓住了文眼"拴"，通过整段地读，抛出两个值得讨论的问题："姥姥为什么开头只剪一头牛、一只兔，

而后来剪了无数牛和兔？""姥姥用剪纸表达了什么？"学生在充满思考的回答与想象之后，慢慢品味出这些剪纸中包含了浓浓祖孙情，水到渠成。教师又顺着这个"拴"字引导："我长大了，姥姥还能拴住我吗？读读最后一段，读出姥姥的剪纸所要表达的内容。"学生在顺畅的情绪场影响下，有声有色地朗读了课文最后一段，从中读出了更为浓厚的祖孙情，并自主升华为对家的浓浓情味。

三、开发对儿童发展充满意义的学习情境

在教师身上，应该洋溢着发自内心的对学生的尊重。学生答错了，教师以风趣幽默的语言为他解围，在互相理解的愉悦气场中，学生感受到了教师对他的尊重和期待。学生答对了，教师在给予其恰当鼓励的同时，巧妙点拨，深入探究问题的状态让学生体验到深层次的学习快乐。优点被无限放大，失误被机智解决，这样的课堂才是充满学习情境的课堂。

以苏教版三年级下册《争论的故事》的第一课时为例，阐述学习情境对儿童身心发展的意义。这节课的教学设计质朴，绝不哗众取宠，既有巧妙的预设，又有生成的精彩。

例一：巧妙提示

教师发现一位学生在大家读词语的时候走神了。她把学生请起来，学生果然将"烟熏火燎"的"燎"字读错了。老师马上说："请旁边同学读一遍，你聚精会神听一遍。"之后学生就读准确了。而"聚精会神"一词就排列在"烟熏火燎"旁边，老师说这句话的时候，很多学生都笑了，气氛十分轻松，走神的学生没有了被批评的紧张感。

例二：授之以渔

师："煮"和"烤"都是本课生字，分别是什么意思？

生："煮"是把食物放在锅里，加水用火烧。"烤"是直接用火烤。

师：对，"煮"是间接用火烧，"烤"是直接用火。

（教师在跟进的这句话中，巧妙地纠正了学生用"烤"解释"烤"的错误

说法）

由于这位学生回答时强调了加水，导致其他学生在思考教师下一个问题时，受到了错误暗示。

师：根据字义，这两个字为什么用这样两个部首？

生："烤"用火所以火字旁，"煮"用水所以四点底。

师：四点底表示水还是表示火？

（学生果然有了两种不同意见）

师：这样，我们来想想还有哪些四点底的字。烈火，火热……

生：（肯定）应该表示火。

师：孩子们，就像现在这样，当我们无法判断一个部首的含义时，可以类推具有同部首的字，这样就能方便地判断出正确的答案。

这就是点拨启发营造的学习氛围！让学生自己讨论、自己思考，在合适的时候画龙点睛，发现规律，发现解决问题的方法。在课堂上，学生经历从不会到会的过程，中间有不少出错的地方，但在教师的循循善诱之下，学生非但没有产生畏难情绪，反而越发活跃，小手如林，情绪投入，发言与朗读精彩纷呈。教师和善悦纳、睿智大气，学生活泼开朗、自信大方，焕发出生命拔节的情境场。

四、开发对语文"情趣"充满意义的学习情境

情是境的催生剂。没有情绪的语文教学是失败的语文。感情不能生硬地灌输，由景生情，因境生情，都应是发自学生内心的自然表现、自然流露。文本承载了很多文与道，字字珠玑，字字温度，让学生问道时，移情入道，才是真正上乘的学习情境。

比较《小露珠》一课的两种不同教学方法来加以说明。文本中有描写小露珠和小动物打招呼的情景，表达为"像（　　）那么（　　）的小露珠"的句式，分别抓住了小露珠闪亮、透明、圆润的特点，用学生熟悉的钻石、水晶、珍珠来打比方，促使学生联系生活经验，获得形象感知。对于比喻句教学，有

很多种教学方法：

方法一：出示填空句式"像（　　　）那么（　　　）的小露珠"，完成填空，说说把小露珠比作了什么，这样比喻有什么好处，相机出示图片，进行比对，掌握小露珠的特点。

方法二：出示三句比喻句式，练习朗读，在读中感受小露珠的特点，然后对比具有相应特点的事物，再次强烈感受特点，并进行朗读表现。此时，教师询问，在有感情地朗读中，你有什么样的感受，是怎样感觉出小露珠闪亮、透明、圆润的特点来的？依据学生的回答，巧妙点拨比喻句式的妙处。最后还可以模仿句式，说说"像宝石那么闪亮的小露珠，像玻璃那么透明的小露珠"等句子。

非常明显，两种教学设计都关注到了比喻句的作用。但前一种方法，是贴上了"比喻句"的概念之后，学生自然而然知道形象生动，虽然用上了图片和朗读，却没有从内心深处唤醒学生的情感体验。学生仿佛是一名医生，诊断了语言本身，却缺少与之相应的共鸣，对小露珠的喜爱之情比较淡然。

一般情况下，教师在这样的教学结尾处，总要加上一句总结："以后我们写作文时也可以运用比喻的方法，让事物更加形象生动。"语文教学的工具作用就这样被程式化了。类似的话语很多，似乎讲到写作方法时都要不放心地说说运用的好处。其实，说多了等于白说。缺失情绪体验的学习，常常表达苍白，无法带来实质性的变化。

第二种教学方法显然注入了很多情感因素，通过递进式的有感情朗读，让学生在研读文本的过程中产生与比喻句描述相似的愉悦享受。正如叶圣陶先生所说："读者若不能透彻地了解语言文字的意义和情味，那就只看见徒有迹象的死板的符号，怎么能接近作者的旨趣呢？"

情趣是让学生深入课文的基础，让学生入情入境，才能使语言文字呈现无限张力。有的教师常常喜欢提一些提纲挈领式的大问题统领全课，如教学《燕子》时，要求学生找出能体现作者喜爱燕子的句子，并想想为什么这些句子表达了喜爱之情。这样大开放的问题，如果学生不是在身临其境、情趣盎然的学习状态下，虽能找出几乎所有的句子，却总是不痛不痒地回答为什么，浮光掠影、隔靴搔痒，令教师讲解得越来越多。明明运用了自主学习之法，反表现出牵着学生鼻子走的被动学法。

适切的学习情境必然从情趣走向理趣，将对语言特色的揣摩、表达方式的关注、条理结构的把握等，容纳到学生的全情投入中去，以"语文"的方式学习语文知识。从建构学习理论的角度去分析这一观点，强调学习的情绪维度甚至比认知更重要。教师援助学生一个词语、一个意义，更要援助学生一个情景、一个情绪。这完全不同于数学、科学等其他学科的学习，因为语文本身充满人文的学习情境！

第四节　语境教学策略的运用

一篇好的课文,在反映现实生活的同时,无不倾注着作者的主观感情。刘勰在《文心雕龙》中写道:"夫缀文者情动而辞发,观文者披文以入情,沿波讨源,虽幽必显。"读者"披文入情",除了要从语言表达入手,追溯作者的艺术构思、选材立意外,还要沿着语言文字之"波",探讨作者的感情之"源",体会蕴含于语言文字中的真情实感。当读者阅读作品时,一方面是作者尽量以情动人、以情感人,另一方面是读者尽量带着自己的感情迎文而上,深入其中,当这两种情感潮流汇合交流时,势必产生深深的感动。

同时,我们也应该清晰地认识到,由于作者、教师和学生在文化修养、知识积累、生活积淀等方面存在很大差异,对文本的感受绝不会相同,阅读作品时产生的心理波动也会因人而异。对学生来说,作者的情感体验和教师的情感体验都不能代替他们自己的情感反应,因为,一个生命的成长过程是不可能没有心灵的自由面对和鲜活的真情投入的。所以,教师在自己深入钻研文本、体察作品真情之时,还要努力帮助学生通过文章的语言信息捕捉各种感官印象,使其对语言文字产生感性认识,形成心理效应。可以预见,只要教师重视了学生的情感体验,随着阅读活动的深化,学生必然情动于衷,激起情绪的波澜,体验到强烈的文学移情力量。

一、角色参与再现文本情境

在小学语文教材中,选编了很多故事情节生动、富有儿童情趣的课文,学习这些文章,特别是在中低年级的课堂教学中,教师大多喜欢采用"角色体验——情境表现"的模式来组织教学，通过角色参与，把学生带入与教学内容相适应的环境中，激发学生学习兴趣，唤醒学生生活经验，使学生产生求知乐学的探索感。

但是，在"角色体验——情境表现"的整个教学过程中，教师往往比较关注学生对角色的兴趣程度，比较注意为学生创设富有启发性、新奇性的气氛，比如采用让学生带上小动物的头饰、播放音乐等教学手段，而忽视了学生在转换角色身份后的投入程度，忽视了学生对角色情绪状态的体验，所以，在角色参与的活动中，常常不能达到既感动自己也感染观看者的学习效果，走了一回形式的情况很多。

教师要根据不同的教学内容，采用不同的形式引导学生入境生情，在将学生带入情境后，还应根据教学内容的发展需要，使情境成为一个连续动态的整体，引导学生一步步深入，感受"情境即在眼前"，体验"我即在情境中"，与角色同喜同忧，在情感强烈的表演过程中达成教学目标。

例如，在《小露珠》一课中有一段蝴蝶、青蛙、蟋蟀与小露珠打招呼的对话，教师一般采用分角色朗读表演的方法学习这一段，让学生戴上小动物的头饰来有感情地朗读对话，体会小动物对小露珠的喜爱、赞美之情。实际教学中，我发现过早地出示小动物的头饰，会分散学生对课文语言的注意程度，使他们将兴趣转移到头饰上。因此，我首先让学生观察小露珠的图片，通过欣赏，把握小露珠晶莹、透明、圆润的特点，自由练习读好称赞语言。然后，取出青蛙头饰，比一比，谁将青蛙说的话读到位了，谁就成为青蛙角色的扮演者。依次竞争其他小动物的扮演角色，促使学生自始至终情绪饱满，集中注意力去体验角色。最后，一场生动、精彩的表演在胜出者中展开，真挚投入的表现打动了师生的心。

二、感情诵读带入语言情境

现在的语文教师普遍重视朗读，相信"读书百遍，其义自见"。这是很有道理的。诵读，是语文教学的法宝。叶圣陶说过："吟诵的时候，对于研究所得不仅理智地了解，而且亲切地体会，不知不觉之间，内容与理性化为读者自己的东西了,这是最可贵的一种境界。学习语文学科,必须达到这种境界,才会终身受用不尽。"

然而,在进行朗读训练时,有的教师走了"捷径",只教学生朗读的技巧,告诉学生这里要读得重一点,那里要读得轻一点,读书的轻重缓急把握得很好,至于为什么这么读,就很少告诉学生。结果是,学生要么没有感情地"念经式"读书,要么做作地"抑扬式"读书,对语言的感受能力和领悟能力提高得很慢。

特级教师庄杏珍曾经举过一个非常形象的例子,来说明朗读时必须要有丰富的情感体验作为基础。"《麻雀》课文中形容刚出生的小鸟'嘴角嫩黄''头上长着绒毛',什么样子是'嫩黄',什么样子是'绒毛',先要让学生有实际感受,看看、摸摸,感觉到词的轻柔、亲切,然后通过直觉或联想,感受刚出生小鸟的柔弱无助,最后,让学生试着用轻缓的语气朗读句子,在读中怜悯小鸟,达到与作者的情感共鸣。"这个例子贴切地告诉我们,教师要引导学生真诚地投入,对所读材料进行深入揣摩,从品味语言入手,心、眼、口、耳并用,使各种心理因素进入活跃状态,逐步做到"与作者的心灵相感通",进入作者所营造的特定情境、氛围中去。只有带着这样一种态度去朗读,才能在诵读过程中不断深化情感体验,体味到文章的情感与韵味、启示和神采。

薛法根老师在进行《你必须把这条鱼放掉》的朗读指导时,抓住文中出现的"涟漪"一词,反复启发学生体会文字描写的意境,不仅要学生读出河面银色的"涟漪",还要读出心中情感的"涟漪",让琅琅的书声打动师生的心,泛起阵阵荡漾的"涟漪"。对于一些适合"美读"的课文,教师还可以让学生进行配乐朗读,美的乐曲、美的形象、美的语言文字、美的意境融合在一起,使师生在入境诵读的过程中,共同进入一个审美的境界,感受祖国语言文字的音韵和节奏的无穷魅力。

三、展开想象唤醒生活体验情境

有人说,想象是心灵的翅膀。"想象是人在头脑中对记忆表象进行分析综合、加工改造，形成新的表象的心理过程，是人类自觉的有意识的本质力量的重要表征。"在语文教学中，教师应该有意识地大力培养学生的想象力，这已经成为大家的共识，并在不断地进行着探索。深入阅读课文，听老师生动地讲述，仔细观察画面，复述课文片段等方式，都有利于培养、发展学生的想象能力。

在这里要强调的是，想象能力具有双重品格，即想象既有理解性又有抒情性。黑格尔曾经指出，想象的特点在于"一方面求助于常醒的理解力，另一方面也要求助于深厚的心胸和灌注生气的情感"。在想象过程中，理解性因素与抒情性因素始终结合在一起，成为学生能力成长的重要纽带。所以，在培养想象能力的过程中，要注意沟通语言文字中传递的情感信息和直观形象手段中的情感信息，两者相辅相成，促使学生在理性想象中得到身心愉悦与精神发育。

浸润着浓郁感情色彩的想象充满着智慧的力量，假如教师没有给学生想象以足够的情感体验，学生是不会把雪白的信鸽想象成代表希望与自由的"蔚蓝色"的；学生也不会在学习郭沫若的散文《鸬鹚》时，大胆挑战作者，大胆超越老师，大胆将鸬鹚想象成"守望稻田的魅力女神"，大胆将课文改写成一首优美的诗歌。想象中的情感因素有着如此巨大的推动作用，需要教师好好挖掘。

我在指导学生学习《鸟岛》中"它们在这里筑巢安家，养育后代"这句话时，补充播放了一段小鸟出生的录像，让学生观察小鸟出生的情景，观察鸟妈妈帮助小鸟出生的细节，给学生以生命诞生的感动。然后，让学生由小鸟出生之时的情景联想小鸟出生之前父母的忙碌，联想小鸟出生以后父母的辛苦养育，自由想象，自由表达。由于媒体演示和教师语言渲染，唤起了学生对自己幼年生活体验的回忆，满足了学生的情感需求，发挥了情感的共鸣作用，学生的想象充满了事实的力量、感激的情怀，由此及彼，学生对父母辛劳的体察、对鸟儿这一生命的珍爱之情溢于言表，既达到了理解句子的目的，又陶冶了学生情操。

第六章

意在语用

语用教学理论是小学语文"意·创"之法的主要理论支撑，从研究语言内容本身到研究语言与生活、行为、感受的一致性，抓住了语文教学的最根本特征，让学生在读懂文本的同时，进入文本所营造的情境，带来认知与思想情感上的触动。

语用的基础在运用文本。教师要带着文本，在学生的学习状态中走一个深入的来回。解读文本很关键，它是语用发生的基础。在语文教学过程中，文本解读是教师与学生通过理解、分析、内化教材中的语文内容来理解文本的意义、品味文本的言语智慧与写作技巧，进而发生的读者、文本、作者三者之间的理解与对话活动，是一种达成课程所要求的能力的过程。

小学语文"意·创"之法要求教师对语用能力的训练与课程标准的要求相一致，与教材的知识体例、教材结构相适应，要符合学生运用语言能力的发展规律。小学语文"意·创"之法让学生通过情景浸入、主题建构，运用所习所得适时表达、连接操作，伴随情感，生发能力，达成以下目标：一是在真实情景中，寻找聪明的学语文的方法，获得问题解决的适切方案；二是在复杂情景中，精准提取相关的语言信息，获得符合规则的解决路径；三是在任务行进中，学习改进修正的策略，获得语文学习成功的喜悦感。

第一节 对语用的认识

追溯语用的起源与发展，探讨语用与语用学的内涵，研究语用与教学的关系，并就语用在语文教学中的作用给予肯定。特别是关于语用的教学策略，为小学语文"意·创"之法提供了可借鉴的范式。

一、语用的起源与发展

语用一词起源于国外对语用学的研究。王建华在《语用学与语文教学》一书中指出："语用学作为一门真正独立的学科，是在20世纪70年代才建立的，但它涉及的内容早在古希腊、罗马时期就引起了学者们的注意。当时的诡辩术和修辞学就含有不少同现代语用学有关的论题。我国传统的训诂学中的一些内容也同当今语用学研究有着或远或近的联系。"而现代语用学的名称始于美国逻辑学家莫里斯。1938年，他在《符号理论基础》一书中首创性地提出语用学这一术语，此后，英国哲学家奥斯汀、塞尔勒和美国哲学家格赖斯先后发表的"语言行为"理论和"会话中合作原则"理论使得语用学得以发展。至此，语用学还只局限于哲学研究的范畴，直到1977年，《语用学杂志》在荷兰创刊，标志着语用学成为一门新兴学科。

我国的语用学研究是从20世纪80年代初开始的。1980年，北京大学胡壮麟教授在《国外语言学》杂志第3期发表的《语用学》一文，比较全面地介绍了语用学的发生、发展及其主要内容。1983年，复旦大学程雨民教授在同一刊物上发表《格赖斯的"会话含义"与有关的讨论》一文，引介了格赖斯关于会话原则的理论。这些引进、介绍对国内语用学发展起了重要作用。随后，学者们根据国外研究资料，先后出版了一些概论性著作，主要有：何自然的《语用学概论》（湖南教育出版社，1988），何兆熊的《语用学概要》（上海外语教育出版社，1989），西槇光正的《语境研究论文集》（北京语言学院出版社，1992），王建华的《语用学在教学中的运用》（杭州大学出版社，1993），中国社科院语言研究所的《语用研究论集》（北京语言学院出版社，1994），钱冠连的《汉语文化语用学》（清华大学出版社，1997）。

以上学者从语用学理论、外语教学、汉语语法教学等方面去研究语用。从中我们不难发现，早在20世纪80年代，我国学者就开始了用语用学理论指导教学的研究。

二、语用的内涵

语用是语言文字运用的简称。汪潮在《"学习语言文字运用"的学理分析》一文中这样诠释语言文字："语言文字是语言和文字的合称。语言指口头语言，包括词素、词、短语、句子和句群；文字指书面语言，包括字、词、句、篇、语法以及修辞。"陈先云在《论语文教学中儿童思维能力的发展》一文中，从目标角度定义语用，"学习语言文字运用就是利用语言文字的特点和规律，满足学习、生活和工作中的需要"。其要素包括"字词句段篇的综合运用、听说读写的综合运用或其他方面的运用"。刘仁增在《语用开启语文教学新门》一书中，从能力发展的角度解释语用："所谓'语用'，主要包括三层意思：第一，凭借以教材课文为主的文本和母语环境，获得言语技能；第二，运用言语技能，在一定的语境中正确、合理、妥帖地进行表达，并将已学过的字、词、句、篇等内容，根据语境的需要加以规范、恰当、个性地运用；第三，运用阅读技能自主阅读新的文本，从中获得信息，学得知识，增长见识，丰富精神，滋养心灵，提升能力，解决学习、生活和工作中的问题。"2011版《义务教育语文课程标准》从内容角度理解语用："语言文字的运用，包括生活、工作和学习中的听说读写活动以及文学活动，存在于人类活动的各个领域。"

综合上述观点，我们将语用理解为在一定的语境中正确、合理、妥帖地进行表达，并根据语境需要将语言文字加以规范、恰当、个性地运用。语用是一个双向过程，以"听""读""视"为输入，以"说""写""评"为输出，既是听读者的言语接收，也是说写者的言语表达。

三、语用学的定义

因为语用学是一门新兴学科，又是一门涉及语言学、认知心理学、文化人类学、哲学、社会学、修辞学等多门学科在内的交叉学科，所以对于语用学，不同的语用学著作和不同的研究学者从各自的角度出发，给出的定义也不同。莫里斯在《符号理论基础》一书中指出，语用学是对"符号与解释者之间关系的研究"。1946年，他又对语用学做了进一步的定义，他认为语用学是对"符号的来源、用法及其在行为中的作用的研究"。索振羽在《语用学教程》一书中给语用学做出如下定义："语用学研究在不同语境中话语意义的恰当表达和准确理解，寻找并确立使话语意义得以恰当表达和准确理解的基本原则和准则。"王建华在《语用研究的探索与拓展》一书中提出："语用学是在动态的语言应用中研究说写者所表达的语用意义和听读者所理解的语用意义，并研究语用意义的实现或变异条件的科学。"在何自然、冉水平合编的《新编语用学概论》中，他们认为："语用学是语言使用者将语句和恰当地使用该语句的语境结合起来的能力。"

综合以上论述，我们发现，虽然学者们对语用学的定义不同，但却有一种共识，即意义和语境是语用学的两个核心概念。恰如何兆熊在他的《新编语用学概要》一书中所指出的："在众多的语用学定义中，有两个概念是十分基本的，一个是意义，另一个是语境。"意义与语境相辅相成。语用学不是静态地从语言系统内部，即语音、语法、词汇等出发去研究语言现象，而是以动态视角，结合语言系统的外部，在具体的语言运用环境中描写、分析、解释、运用语言现象。

四、语用教学观

在语用学理论引进中国后，1993年，王建华写出了《语用学在语文教学中的运用》，于根元（1994）评价这本书是"探讨语文教学理论的重要成果"，雷良启（1995）称这本书是"汉语语用学的拓荒之作"。陆逐也在1997年2月4日的《解放日报》上发表了《语感与语用——什么是语文教改的方向》一文，强调了语用在语文教学中的作用。

不断有语文教师和语言学者提出努力构建"语用"语文课堂，建立起语用学的语文教学体系，对于教学中的语用问题的研究也越来越多。其中最有代表性的是王建华的《语用学与语文教学》（2000）和刘仁增的《让语文回家：刘仁增语用教学新思路》（2009），他们分别从理论和实践两方面讨论了语用学指导下的语文教学问题，提出了语用型语文教学的观念。

而明确提出语用教学观的是王元华。他把整个语文教学模式按先后划分为五种范式，即传统语文教学范式（1902年前）、文白转型语文教学范式（1903年—1949年）、新中国成立初期语文教学范式（1950年—1976年）、知识型语文教学范式（1977年—2000年）、语文课程改革教学范式（2001年至今），并总结了这五种教学范式的特点。王元华认为在学生学习的所有阶段，语文教学实质都是语用教学，不仅中小学如此，大学也是如此。因为无论是在基础教育阶段还是高等教育阶段，无论在某个阶段的哪个时期，都要面对并解决两个问题：语言文字中蕴含的生活体验问题和运用语言文字理解并表达思想进行交流问题。

五、关于语用的教学内容

在研究语用教学时，教学内容研究无疑是重点。王建华在《语用学与语文教学》一书中指出："语文教学要通过对语言文字的形式、结构、意义的分析，揭示出作品的深层意义以及作者的实际意图，挖掘出作品的艺术魅力以及含有的丰富知识，使学生不仅对语言文字的学习确有所获，而且在此基础上受到思想教育、文学熏陶，得到各方面知识的滋养。"韩雪屏在《语文课程的知识内容》一文中认为，语文教学中的基础知识包括"听说读写"知识，教师应该将这些知识潜移默化地渗透到学生的学习和生活中，以此为理论基础指导学生运用语言。

与此同时，韩雪屏在《审理我国百年语文课程的语用知识》一文中，也不无遗憾地指出："百年语文课程标准或教学大纲中，关于语用提出的大多是课程与教学的目标要求，而不是（或者大多不是）课程与教学的具体内容，不是直接可以用来指导学生运用语言，从事言语实践的知识和方法。"

2011版《义务教育语文课程标准》中只提出了义务教育阶段的语用教学目标是使学生能够初步掌握学习语文的基本方法，养成好的学习习惯，具有适应实际生活需要的识字写字能力、阅读能力、写作能力、口语交际能力，能够正确地运用祖国语言文字，吸收各种各样的优秀文化，提高思想文化修养，促进精神成长，但它并没有提供具体的语用教学内容和方法的指导。这也间接导致教师在语用教学内容的选择和方法指导上出现了各种各样的问题。

姚敏在《走出语用教学误区提高语用教学效果》一文中指出："很多教师在备课中，没有从学生的'最近发展区'出发，往往庖丁解牛般地对文本语言进行细致的剖析，小到遣词造句，大到谋篇布局，可圈可点之处众多，臃肿的课堂造成了学生的消化不良，甚至让学生产生厌学的情绪。还有部分教师在课堂上无视学生的内在需求，漠视学生的情感需要，仅以知识点的串讲来灌输语法常识与答题技巧。机械化的语用操练将学生拖入消极语用的被动状态之中，滞塞了学生语用能力的发展。"荣维东在《建设真语文的语用知识基础》一文中也指出，"我国语文知识内容上的问题在于：①语文课程知识内容陈旧；②语文课程知识观念落后，③语文课程知识概念与认识的分歧"。他认为，语用的语文课程教学知识结构应包括以下几个方面：第一，要以"语用知能"为中心；第二，要以"交流能力"为取向；第三，要以"语境、语篇、语用"知识为重点；第四，要吸收并开发当今社会急需的语用知识。

六、关于语用的教学策略

基于课程标准和教学大纲中没有明确的教学指导，以及在教学过程中出现的问题，许多学者、教师开始了语用教学策略的探索。刘仁增在《语用开启语文教学新门》一书中提出："'语用型'教学的基本策略是让学生'亲历'和'历练'。"所谓"亲历"，就是亲自经历、亲身体验。所谓"历练"，就是学生参与言语实践的过程不是一次两次，而是反复地练。他提出，"语用型"教学的实践应当突出两个环节：第一个是感受的实践，即借助文本，通过感悟、欣赏言语现象，感受语言使用的精妙和特点；第二个是旨在将所感受的言语现象转化为语用的实践，即教师创设具体的语用情境，迁移从文本感受到的言语现象，提高言语表达能力。王元华在《语用学视野下的语文教学》一书中也提出："语用教学的实践策略是'语用体验'，即在语言的使用过程中提升语言能力。"

此外，针对语用教学中出现的问题，学者、教师们也提出了一些具体的策略。刘仁增在《语用开启语文教学新门》一书中指出："语用教学不能局限于课堂上的语言训练，更应该把教学视野拓展到课外，把训练领域扩大到生活的方方面面。"张祖庆在《张祖庆讲语文》一书中强调：语用训练的重点在于教学生如何准确、贴切地表达。教师在课堂中要关注儿童需求，引导学生自由想象、真实表达。姚敏在《走出语用教学误区提高语用教学效果》一文中说："教师若想要走出语用课堂教学的诸多误区，可以先从'强化主体意识，唤醒语用自觉''强化学段意识，递进语用目标''强化文体意识，提高语用价值''强化课程意识，丰富语用实践'四个方面做出一些积极的尝试。"

从学者和教师的实践探索中发现，将语用与语文教学相联系，能够较为有效地解决"泛语文""伪语文""教学形式化"等问题。教师在其中扮演着非常重要的角色，教师要在精准把握作者写作意图、理解文本语言文字、遵循学生学习规律的基础上，精心策划以语用为核心的教学活动，努力构建教学内容明朗化、课堂环节精深化、学习活动结构化、言语时间增值化的"四化"课堂，让学生在发现、感悟、模仿、类推、创造等积极语用状态下感受语言魅力，习得读写经验，生长言语智慧，提高语用技能，促进语文素养的发展。反之，如果教师不能正确地理解语用教学的本质，没有掌握有效的语用教学方法和策略，就很难真正实现有效的语用教学。

第二节　开发阅读教学的语用价值

阅读教学的价值之一在于语用，但并非教学生对文章进行手术式的解剖。朗读感悟、语言积累、搜集和提取信息、学习写作技巧等，仍是提升阅读教学的语用价值的诸多要求和手段。小学语文"意·创"之法理应带着学生，对文本进行基于最近阅读能力发展区的学习，由理解内容、遣词造句，到谋篇布局、顺学而导，会学语文和学会语文。

一、从儿童角度出发的语用

曾经在课堂上看到过这样一番情景：

一位青年教师教学《春笋》一课，文中有一句话"春笋裹着浅褐色的外衣，像嫩生生的娃娃"。为了帮助一年级小学生理解"嫩生生"这个词，教师出示了婴儿图，让学生想象婴儿的皮肤是什么样子的，并比较婴儿和春笋有什么相似之处，最后说说"嫩生生"的意思。教师设计得很用心，可结果却没有一个学生回答在点子上。

儿童阅读自有其认识与能力的发展规律。张必隐的《阅读心理学》一书曾经举过一个很生动的例子：唐建（1984）研究了儿童对汉语主动句、被动句转换的理解，发现正常儿童的明显转折期出现在10～11岁。如果教师提早要求进行句式转换，正常智力的儿童就会费时费力。

这个例子证实了儿童区分词义的内在规律。低年级儿童容易理解文字与口语相吻合的词，而不相吻合的词，是不适合采用类比、描述等较为高级的理解方式的。如果教师依从儿童学习语言的规律，从儿童灵敏的触觉和直觉思维出发，让儿童看看春笋这一实物的颜色和外形，动手摸摸毛茸茸的外壳，掐一掐嫩嫩的笋肉，就不会出现类似尴尬现状。在形象的感知过程中，"裹着、嫩生生"这两个词义，就能恰到好处地被理解，同时描写春笋外形的特点的好句子也能被儿童深刻地体会到。

阅读教学的语用价值该怎么体现？文本的阅读对象是学生，自然应以学生的需要而教。教师备课的关键是备学生，要猜测存在的各种可能性，朝着当前学生学习语言规律的最基础、最根本去想。教师要思考，我应该怎么组织教学过程，设计出一个让学生自觉、自愿参与学习的活动。教师要有对文本进行删减、创造的教学勇气。比如，什么样的文章可以略读？什么样的文章可以精读？关注什么样的语言表达形式？对前后联系、对比关照、句式变化、修辞手法等这些学生读不到位的重点难点要巧妙设计，用心点拨。

比如，《我和祖父的园子》中的"移情"手法，趣与活的用词情感，学生肯定读不到位，这些就需要教师想方设法引导着教，让学生在关注独特句式和详略篇章的同时逐渐品味文本的新颖构思与丰富内涵。又比如，让学生掌握文章中的生字新词，采用何种方式适合不同年段的学生？薛法根老师在教学五年级《我和祖父的园子》时，就采用了一次听写一组词语的方式来提高学生听记能力，并将听写的词语与文本呈现的内容关联起来，学生在达到听写目标后，仍能以活跃的思维方式发现内在联系。这样的听写练习，充满教学智慧，体现了教师强烈的语用教学意识，在课堂上创造了一道师生共同领略文本风采的风景。

二、从课程意识出发的语用

语文的课程理念，其内涵表述是简洁明了的，但体现理念的做法却是丰富多变的。有的教师，因为有了所谓的些许关于新课程的理念，就以为不用深入解读文本，不用进行基于学习规律的教学过程设计，仅仅简单地"还学习主动或还学习方式给孩子"，就是有了研制课程的能力。结果是因噎废食，缺少适时点拨，甚至整个学习过程被学生肤浅的理解表达牵着鼻子走，胡乱贴标签，无法取得良好效果。

例如，有青年教师执教《花瓣飘香》，她从一开始就只给了学生一个大问题：“为什么说小女孩是个懂事的孩子？”学生在课文中找来找去，一会儿到文章的结尾处找出一两句话，一会儿从文章中找出一两个关键词语，老师就让学生说说是怎么感受出这个女孩懂事的。说来说去，贴上“语言、动作、神态”这几个词，富有意味的情节和场面变得索然无味，一篇有效认识记叙文情节的文章被肢解得支离破碎。

小学语文“意·创”之法认为，研究阅读教学的语用价值，恰恰能提高教师的课程能力。中学语文“板块式、主问题、诗意手法”阅读教学体系创立者余映潮老师在《例说“好课”的设计》的讲座中，就十分强调教师活用教材，进行语言文字训练。他对语文“高效课堂”提出了基本要求：着力利用课文，重在集体活动，突破语言学用，关注读写训练，渗透知识教育。他就当前语文教学现状提出8个改变：变“教学课文”为“利用课文”；变“轻慢语言”为“着力学用”；变“线式思路”为“板块思路”；变“碎问碎答”为“集体实践”；变“泛泛而品”为“精读训练”；变“大量对话”为“读写结合”；变“千篇一律”为“得体得法”；变“热热闹闹”为“有动有静”。这些变革体现了教师的课程意识，体现了将文本作为“例子”，由浅入深、顺应规律的钻研之道。

1. 探究文本的语用价值

要对文本进行深度解读并有所取舍，对教学内容进行重新组合，以区分教什么的内容。不同的课程意识和语用价值观决定着不同的教学者的取舍方向。正如《我和祖父的园子》，有人关注细节，有人关注诗化与童化的语言，有人关注情语与境语。园子里趣味盎然，情味浓郁，语味淳厚。景物自由，行动自由，人性自由，精神自由。不同的教师“在园子里面耕耘，有挖不完的‘宝藏’”。

这里要强调很重要的一点，就是要学会转换角色解读文本。在文本阅读过程中，从三个方面进行关注：读者——关注心动、新鲜、内容和感受；儿童——关注读得懂和读不懂，找出不同儿童的阅读差异；教师——进行选择、甄别和处理，判断哪些是一定要理解的教学内容，哪些是需要帮助儿童理解的。文本思想教育的内容，不是语文教学的本体内容，阅读、理解、感受、表达语言文字的内容才是语文的本体性内容。

例如，余映潮在设计《我和祖父的园子》时，大胆删减，只设计了两个板块：第一板块将最美的段落改写成几首诗；第二板块围绕第13段，重点研读一个段落，教学设计为：圈出关键词，划出其层次，揣摩一种优美的写作手法，知道一种可以学用的段式。两个板块将语用训练的意识发挥到了极致。

2. 把握文体特点

教材作为"例子"，都会有序地将文本按体式加以呈现，并按照不同年段的学习特点提出不同的学习要求。基于文体特点，挖掘不同文体的语用价值，让学生逐步掌握、巩固、运用文体特征，形成阅读素养和写作素养，成为当前语文教学研究的重要方面。

以《火烧云》教学为例。《火烧云》选自萧红的《呼兰河传》，是一篇文字极其优美的散文。纵观全文，虽然描写火烧云颜色的词语极其优美，描写形态变化的段落想象极其丰富且写作极为有序，体现了作者善于形神兼备地描写事物的笔力，但散文"一切景语皆情语"的情感线索却并不明显，而这恰恰是学生不能自主体悟到的。

如果教师仅仅停留在读懂文本的要求上，那么散文的这一特点就没有办法凸显。教师要带着课程意识重新研读文本，让学生联系生活经验，想象在非常突然的情况下，发现周围的一切连同自己都变成了金子般的颜色，那是一份怎样的心情呢？于是，对文本的有效拓展就起到了文体学习的作用。

例如，在学习火烧云颜色"一会儿金灿灿的，一会儿半紫半黄，一会儿半灰半百合色。葡萄灰、梨黄、茄子紫"时，研究作者用词的多变是必然的，但为什么作者要用这些不同形式的词语呢？看看图片，对应着找找词语，发现原来是因为火烧云的色彩实在是瑰丽奇特，一般写颜色的词语已经无法表达，所以作者连续变换了三种词形，最终却还是说"还有些说也说不出来、见也没见过的颜色"。教师有了这样的课程研究意识，就能在备课时有针对性地进行教学设计，从而发挥《火烧云》作为散文"样本"的语用作用。

3. 设计读写训练点

"读写"结合的教学手段是小学语文"意·创"之法惯常使用的方法之

一。在这里，要强调具有语用价值的读写训练，倾向于"指向写作"。为理解内容而写，更为学习"字词句"甚至"段篇"而写。教师要寻找读写训练的结合点，明确指向语言运用的训练，让学生的写作练习与文本范例的表达特点和表达方式息息相关。

以《火烧云》一文为例，让学生模仿描写火烧云形状的段落，按照"出现——样子——变化——小事"的顺序来想象云朵的变化，是教师很容易想到的手段，也是教师对语用价值的一种意识体现。

我在设计《真想变成大大的荷叶》一课时，怀揣着注重语感培养、注重训练语用能力的目的，目标十分明确。教学手段主要体现在朗读、想象和语言实践之中，读读、想想、说说，从词到短词到短句，如从晶莹、圆润、散步、睡、一弯新月等的感受和运用，到练习说"蜗牛在什么地方干什么"等类似句式，直到仿写歌颂春天的句式，反复表达，自然得当地将《真想变成大大的荷叶》这首诗歌作为读写训练点，用多样的训练形式，提升学生学习语言的能力。

三、从多元评价出发的语用

强调开发阅读教学的语用价值，很容易走向另一个极端，将教学变成肢解文本式的一场"屠宰"。师生拿到一篇文章，三下五除二贴好标签，划出好词好句，踩踩点，套用句式，或是仿写个片段，语文课成了训练学生解读文本的工具课。这样的语用训练，缺失了语文教学的本质意义。一堂充满发展意义的语文课，其语用价值的标准应以学生发展为根本，伴随积极愉悦的情感体验，伴随生命拔节的悦耳声音，着眼于学生语文素养的整体提高。其评价维度，应是多元的。

1. 体现于有效思维

学生在课堂上表现出的思维路径有多长，思维能力有多强，无疑是关注语用教学成效的重要指标。思维敏捷性体现在师生对话的应对机智上；思维严密性反映在逻辑表达上，将语文学习的经验用逻辑整理就能形成能力；思维深刻性则体现为语言的深刻。这些思维品质一般通过语言品质和语言风格表现出来。课堂上，太过浅显的问答不能让学生经历思考的过程，其思维的含金量较差。因此，教师要时常引导学生知其然并知其为何然。当思维的过程得以呈现，思维就得以延伸，教学就有了促进思维的价值。

以《争论的故事》的第一课时片段为例，说明教师引导学生思维过程的方法。

师：第一部分可以用"讲故事"这个三个字的词概括，那第二部分能不能也用这样的词来概括呢？自读第二部分，想一想。

生：议论想法。

师：意思接近了，但不是三个字的构词方式，提高点标准，怎么概括？

生：受启发。

师：构词方式对了，意思也接近了，可惜没有说话的感觉。

生：说感想。

师："感想"一词从何而来？

生：最后一个自然段里有。

师：这位同学可真有水平，他不仅会用书上的词，还用"说"代替了"讲"，意思差不多，却避免了重复用词。想想，还可以用什么词代替说的意思？

生：议感想。

生：论感想。

在以上学习过程中，教师察言观色，把注意力全部集中在学生的回答上，相机点拨，促使学生的思维有了一个全新的过程。教师的高质量点拨，能真正意义上激发学生的学习积极性，启迪学生积极思维。教师发挥临场机智，通过语文学科的语言学交流功能，可以促进学生获得严密的思维训练。

2. 体现于情感体验

语文教学十分强调语感，而语言感觉的深浅，很大程度上取决于阅读时伴随的情感起伏。对于文选型教材来说，每一个文本都是呈现给学生的一扇窗户，打开文本这扇窗户，引导学生调动一切感官和神经末梢仔细地体察窗户外面的世界，全身心地投入世界，这是语文学习的重要任务。

3. 体现于语言表达

语言表达的质量，在一定程度上反映了语文知识转化为语文能力的效度。教师应以个性化的教学语言为学生做好示范。课堂上，学生会对教师察言观色，在长期的耳濡目染中，学生会被教师丰富、准确的表达所影响，从而逐步提高自己的语言，提高语言表达的清晰度和表现力。很难想象，一个语言贫乏的教师能教出语言表达优秀的学生。教师在备课中，要想好语言应答的基本走向，从评价语言到点拨语言，从模仿大师级教师的语言，到形成自己的语言，在教学语言形成过程中，形成个性特点，形成教学优势。

4. 体现于知识转化

语用成效的评价体系中，少不了对语文知识的考量。听说读写、字词句篇章，都是知识表现的载体。低年级语文知识更多地体现在字词掌握方面，检测性很强。随着年级增高，知识体现更倾向让学生在阅读理解中运用，检测手段更为灵活，这时候，学习的效果往往会因为检测基础与技能的比重不同而不同。语文教师一方面要看重知识的积累，有意识地对语文知识进行整理、归类、概括，帮助学生系统掌握基本知识；另一方面，要着眼于学生语文素养的未来发展趋势，创设学习语文的美好语境，搭建提升语文学习兴趣的更高平台，即将语文学习的目标、设计、过程全部指向学生未来，培养足够的"语用意识"和"语用眼光"。

开发阅读教学的语用价值，能让语文接地气、有意思、有趣味，能让学生体验探究之趣、享受思考之乐、充满后继学习的欲望。这种理念指引下构建的语文课程才会富有持久的生命力！

第三节　文本解读中的语用意识

"教材无非是个例子"是大家熟知的一句话，"用教材教而不是教教材"是语文课程改革带给我们的认识。教材文本是介入教师与学生之间进行教学对话与沟通的必然凭借，教师对它的内容和意义，对语言符号的感知、分析、评价、运用以及主观钻研、感悟和演绎的程度，将直接影响语文教学的精彩和学生语文学习的成效。

特级教师李吉林曾经这样说过："我感到，教师情真，才能以情动情；教师心热，才能点燃智慧的火花；教师意远，才能在学生的面前开拓其思路。"当教师能够站在深层次的高度深入钻研、学习文本时，就能以教师特殊的"职业眼光"挖掘出教材中宝贵的因素，给学生创造思考、评论、批判、反思、质疑的机会，引领学生进行语言的积累、品味、感悟和应用，并在这一过程中丰富学生的精神世界，塑造他们的人格，涵养他们的性情。

一、植根文本，钻研文本，科学定位文本的教学目标

教师要植根文本，充分挖掘文本的各种因素，站在一定的高度去研究教学的三维目标。有的教师往往很重视教学环节的设计，却忽视了对课时教学目标的把握，备课时，照抄教学参考书上的目标设定，至于为什么要制定这样的教学目标就不去研究了。殊不知，教学目标乃是教学的灵魂，没有教学灵魂的教学设计，即使再好也是盲目的，一不小心就会走上形式的热闹。

例如，在教学《会走路的树》一课时，为了让学生深入体会驯鹿给小鸟的帮助，教师设计了这么一个让学生自由发挥的问题："驯鹿会带小鸟去哪些地

方游玩呢？"有学生说："驯鹿会带小鸟去北京玩，参观故宫和长城。"如果没有教学目标的指引，教师可能会觉得这是一个多么与众不同的奇妙想法。其实，这样的回答偏离了课文所设定的生活环境，是错误与不切实际的，需要教师马上加以引导与纠正。

教学目标的定位，要全面、科学，并有所侧重。落实新课标的三个纬度要求，必须注重学生的心理特征和经验发展，考虑学生应经历怎样的学习过程，养成怎样的学习习惯，形成怎样的价值取向。具体到每一篇课文和每一课时，应各有侧重。一般来说，在知识性很强的学习内容上，"知识与能力"是显性的主要目标，而"情感态度与价值观"则以隐性状态渗透在学习过程与知识的掌握之中，渗透在教学的交流与沟通之中，比如低年级的字词教学。反之，在理解、感悟情感性较强的课文内容时，"情感态度与价值观"就成了比较显性的教学目标。教师在钻研文本时，不能简单地把教学内容和教学目标一一对应起来，而要深入研讨、科学把握三维目标的渗透关系，通过"过程与方法"这一桥梁，实现教学目标的整体融合。

例如，教学参考书上将《真想变成大大的荷叶》的"情感态度与价值观"目标设定为"通过对课文的朗读感悟，激发学生对美好大自然的向往，体会亲近大自然的愉快"。我通过对课文的仔细钻研，思考这样一个问题："小作者想变这变那，最后为什么'真想'变成大大的荷叶？"联系课文最后一节的表达内容，明白了小作者不仅喜爱大自然、亲近大自然，更有一颗与人为善、乐于奉献的心，他真想变成荷叶，让小鱼"在荷叶下嬉戏"，让雨点"在荷叶上唱歌"。因此，我将上述教学目标改为"通过对课文的朗读感悟，激发学生对大自然的向往，体会亲近大自然的愉快，体会大自然的和谐美好"。为实现这一教学目标，我除了让学生说说自己想变成什么以外，还让他们说说怎样与自然界中的其他事物友好交往、和谐相处，并利用最后一节诗歌中的省略号留下的空间，说说如果我们变成大大的荷叶，还会给哪些小动物带来快乐。这样的目标定位，提升了文章的思想意义与人性价值；这样的教学设计，使语言运用与情感体验同步发展，可以有效转变学习方式，不断将学习引向深入。

还要依据学生的学习水平来确定教学目标。

例如，《珍珠鸟》的"情感与价值观"教学目标可以设为三个层次，低层次为"懂得人与动物之间是可以交朋友的"，中层次是课文的最后一句话"信赖，往往创造出美好的境界"，高层次的教学目标为"珍视生命的存在，眷顾动物的生命，创造和谐相处的世界"。一般情况下，围绕中层次的目标达成进行教学组织，对于两头的学生可以降低或提高目标要求。

二、走进文本，品读文本，正确把握文本的内涵与意义

教师要走进文本，品读文本，深切体会文本字里行间所浸润的作者的思想感情，触动心弦，产生共鸣，提高自身的语言感受能力。例如，有的教师喜欢运用吟诵的方法来品味课文，当接触优美的抒情散文时先投入地、声情并茂地读一读，让自己对文章的思想内容、情绪氛围和语言风格等，有一个生动的感受与审美体验，活跃心智，触发灵感。

一位教师在诵读《月光启蒙》时，为课文所渲染的温馨、柔美的气氛所陶醉，进而将母亲与月光、月光与启蒙进行联想，设计出了两个巧妙的问题统领全文："母亲不识字，为什么还说母亲是启蒙老师？为什么把母亲对我的启蒙教育称之为月光启蒙？"这样两问，便将课文所要表达的"母亲借助民间文学的音韵来启迪孩子，母亲的启蒙便如同这月光般柔和"的全部意义涵盖在内了。能有这样好的设计，有赖于教师对文本的情感投入。

教师走进文本，品读文本，还要对语言文字进行必要的挖掘。有的教师思想中存在误区，以为语文教学以读为主，一读到底，或没有目的地进行朗读体会，或在同一层次的理解水平上反复进行朗读，这样的读，很难提高学生的语言文字感悟能力，读得再好，也只是朗读技巧上的提高。小学语文"意·创"之法善于发掘文本的精彩之处，寻找能有效引领学生研读课文的"点"进行深化。有专家归纳发掘培养语感的言语材料的着眼点有：（1）言外之意蕴含丰富处；（2）感慨抒发强烈浓郁处；（3）表达描写突破常规处；（4）遣词造句准确精妙处；（5）出自省略开展想象处。

例如，课文《望月》中四处出现了省略号，通常教师会抓住第二处省略号让学生背诵更多的吟月诗，而我还抓住了描写"月下江景"时的省略号，让学

生想象柔美月光下江轮的样子，在语言表达中体会，由于景物远近不同和物象差别，月光会随之给人以不同感受。这样，学生对作者"月下江面"和"月下江岸"的剪影式准确描写有了更深刻的理解，对语言文字"亲切体会"与"理智了解"的能力也有了进一步提高。

三、走出文本，拓展文本，充分挖掘文本的语用价值

教师要走出文本，以教材文本为中心点，多方位、多角度地进行辐射学习，尽最大可能搜集、钻研与文本材料相关的素材，筛选、汲取有效信息，为达成教学目标和丰富教学内容、方法服务。不能光看教学参考书上的说明，要读读教材选编入课本之前的原著，要多查资料，对文本有一个较为全面的、辩证的认识，要试图多角度地解读文本，将视角伸展得更广阔、深邃一些。这里还要强调很重要的一点，要用儿童的眼光去看课文，这样就能发现许多新鲜的、成人看不到的东西，从而发现学生学习文章的趣味点，有意识地激发他们活跃的神经。

例如，在学习《问银河》时，课文中出现了"银河、航标灯、斜拉桥、拦河大坝、葛洲坝、水力发电站、宇宙飞船"等词语，这些事物对学生来说比较陌生，教师需要通过搜集大量的图片、音像资料来进行补白，但仅仅让学生了解这些科学知识、读读课文，对达成"教育学生热爱科学和大自然"的教学目标还是远远不够的。我通过钻研课文的"提问"，发现了隐含在文中的精神主线——小作者是一位知识丰富、热爱科学的好学者，所以，他才会面对满天的繁星产生探究银河的许多问题，并有长大后去银河探险的强烈愿望。我启发学生学习小作者的科学探究精神，也做一名好学者、好问者，通过课外学习，自己来了解以上事物，比一比谁知道的科学知识多。这样做，最明显的成效是当我要求学生完成"你也来问银河"的仿写练习时，学生思维开阔、趣味盎然，提了很多与现代化相关的问题，不再局限于提问"小鸟、小鱼"等事物了。

在这个案例中，同样是进行课外知识的拓展，由于教师对文本解读的角度不同、思考方式不同、看待儿童的眼光不同，激励学生心智的教学方法也不同，因而取得了不同的教学效果。

第四节　语用学视野下的语文知识显性化教学

语文要注重知识教学，目前已经是广大教师的共识。王元华在《语用学视野下的语文教学》一书中尖锐地指出："在缺乏知识的前提下谈'感悟'，必然会形成语文课的随意性和过多的个性化，使教师没有了普遍的依据而学生因此更加找不到抓手。"知识学习对小学生提高语文素养很重要。

在语用教学理论指导下教学，要遵循小学生学习、运用语言的基本规律，引导学生掌握阅读文本的一些基本方法，借助语文知识，联系生活体验，深入品味语言，感悟语言意蕴，内化语言规律。在这一过程中，知识与语感并存，教学要兼顾两者，螺旋发展。

一、不能教固化的知识，知识教学要有整体性

在实际教学时，我们常常会发现教师将知识进行固化的现象。比如，教学古诗，无论什么年级都教诗歌的对仗，都讲诗与画相融的表达方式；教学散文时，总是以"形散神不散"来分析散文；教学小说时，总是以人物、情节、环境来分析小说。在这样固化的教学知识的过程中，训练语用就变为了"分析内容+贴知识标签"的固态化模式。学生学习文本的方式变得机械僵化，就像是一位医生拿着手术刀去解剖尸体，哪些是血肉，哪些是骨骼，哪些是内脏，一目了然，毫无生趣。这样的语文教学丧失了对语言文字的欣赏和运用，进入了另一个极端。

语用教学十分强调明确语言训练的目标，要让每一个有效的教学活动都有明确的目标指向。要做到这一点，根本举措在于增强教学知识的整体性，恰当

把握内容与知识的关系。教学内容为学生习得语言能力提供凭借，教师在教学中要根据一定的维度，恰当处理教学内容，确立教学知识的重点，让教学内容为提高学生的语用能力服务。

1. 着眼小学语文教学的整体性

小学语文学习具有综合性、整体性的特点，发展思维与语言所承担的增长知识与能力、陶冶情操与思想等任务都蕴含在六年不间断的听说读写训练过程中，其内在规律不可忽视。学生读一篇篇文章，刚开始都是在理解一个个具体的内容。教师要完成的任务之一，就是把小学阶段要掌握的各类语言知识，分门别类地进行有效归纳，细化到每一篇具体的材料中去。要弄清"教什么内容""怎么教"，更要按照知识分解序列，弄清符合学生认知结构的"怎么学"和"怎么用"。比如，研究理解词句的不同方法；揭示推敲词语、遣词造句的规律；研究段落言之有序的规律；研究各类文体的学习规律等。循序渐进，凸显日积月累、从量变到质变的功效。

2. 着眼单元勾连的整体性

以单元为单位的小学语文教材，除了在内容、主题上可能出现关联外，单元内各文本之间还会存在语言知识上的隐性关联。如果能有意为之，语言文字训练的作用就能被放大。

例如，《莫泊桑拜师》这篇文章，是一篇叙事类的记叙文。就文本本身来说，并没有写作的特别之处。在研读教材时，应着眼于揣摩一个单元的编写意图。这样，教师就能发现，整个单元四篇课文都选择了古今中外典型的教师，介绍了这些教师的优秀教学方法。因此，在教学《莫泊桑拜师》时，将教学目标之一落实到透过故事探讨教学方式上，就能有效提高学生归纳文本主旨的能力。

又例如，苏教版五年级下册第四单元三篇说明文《秦兵马俑》《埃及的金字塔》《音乐之都维也纳》，在行文结构上都采用了总分总的方式，教师抓住这一篇章特点，可以教学归纳课文主要内容的基本方法。同时，三篇说明文都运用了举例子、列数字、打比方等方法，表述科学、准确、生动，如能在教学时注意语言特色的前后勾连，就能有效帮助学生掌握说明文的写作知识，高年级教学仅仅落脚于教材内容分析的现象就能被有效避免。

3. 着眼文本解读的整体性

教师研读文本，容易停留在表面，对整段文字的表达缺少符合这篇文章的最深刻把握。这样的状态，使得教学方法单一，学生获得语言文字的能力也停留于表面。

以《九寨沟》为例，绝大多数教师将教学的力量集中于学习描写九寨沟风景的段落上，突出重点，可同时忽略了描写九寨沟动物出没的段落。学习动物出没段落的常用方法不过是读一读，找找写了哪些动物，这些动物在干什么，用四字词语概括这些动物的特点。

而这一段的描写恰恰是用词知识的训练处。抓段落"词眼"——"出没"一词，即可凸显整段阅读的教学重心。"出没"是什么意思？其词义的核心是出其不意地出现，也出其不意地突然消失。九寨沟林深叶茂，丛林深处动物自由自在，不经意间，你突然遇到了一种动物，那是一份惊喜。理解这份感受，还能在四个"也许"词语上读出味道来。同时，抓住对"出没"这个词语的理解，研读写四种动物的语句，学生就能从金丝猴窥视、羚羊审出来、密林丛中与大熊猫不期而遇、小熊猫迅速远去等场景中，感受动物"出没"带来的野趣。遣词造句要追求精妙的意蕴传达给了学生，等待内化就不是一句空话了。

4. 教学设计的整体性

胡家曙认为："用教材教可以设计的基本内容框架是：感知内容——意会语文知识——欣赏言语——言语运用。"按照这一流程设计出来的教学，可以在一堂课中凸显知识理解与运用的有序推进。我把这样带有几个明确知识教学小目标的教学设计，称为"板块式教学"。"板块式教学"关注设计的整体性，将教学内容围绕知识点划分为几个清晰的板块，每个板块都有恰当的目标和主题内容，板块之间有恰当的内在联系。

例如，我在设计《美丽的西沙群岛》这篇课文时，设计了三个板块：第一个板块，通过复习相关的词语，了解西沙群岛的地理位置和自古以来就是祖国神圣领土的思想意义；第二个板块，通过学生自主发现句式规律，达到对句子意思的理解，熟读成诵；第三个板块，注重美读，学生自由选择喜欢的句子，有感情地朗读，并说说自己体验到的感受。三个板块所采用的方式各不相同，内容也各不相同，但是三个板块之间有着密切的联系，都体现了课文所要表达的主题。教学效果层次清晰，重点突出，文本显示出显著的语用价值。

二、不能教泛滥的知识，知识教学要有有序性

在小学语文学习的六年时间里，由于受到小学生学习规律和认知特点的制约，关于语文知识的名词概念、具体表述、集中训练等是很不确切的，且没有必要全部过早地教给学生。知识常常伴随具体的文本内容出现，隐含在一个个生动的故事情节或一段段值得品味感悟的句段中。因为小学语文的知识序列不明显，所以需要教师具有自主开发知识的能力。目前，小学语文教师已经初步具有了这样的开发意识，但却并不能把握住知识的序列性，出现了两种现象，一是提前"教"，一年级教二年级知识，三年级教四年级学生才能弄明白的知识点。比如，"比喻句"提前到一年级教，然后重复六年，到六年级还在造"弯弯的月亮像小船"。又比如，教二年级学生"被字句"，搞得学生稀里糊涂。二是将教知识的实践时间和内容，大量放置到课外与练习中，增加了师生的课业负担。

1. 从教师教的角度，明确年段目标的序列

从低年级语文课程标准中关于听说读写的要求出发，体现低年级语文教材在落实字词知识方面的语用价值。例如，关注文本中的短语使用，《蜗牛的奖杯》这篇课文中，有很多"什么的什么"的词组，教师如果关注到这些词组，跟学生进行重点训练，就能提高学生运用词语的能力。

中年级要关注片段的"有序"表达。以《云雀的心愿》为例，要引导学生从云雀妈妈介绍"森林的蓄水功能"的片段中发现构段方式。段落采用了总分总的方式，第一句和最后一句不仅照应，而且句式是不一样的，第一句用的是陈述句，第二句用的是反问句，意思一样，语气不同。在分述蓄水内容时，又是按照树冠、树干和树根的顺序来写的。学生明确有序构段的方式之后，再次

利用云雀妈妈介绍"森林是个巨大的空调器"的片段来强化、巩固关于片段的知识。

高年级在语用训练方面要关注篇章中的"序"。以《司马迁发愤写〈史记〉》为例，谈谈如何让学生逐步弄懂篇章的构篇方式。课文写司马迁创作《史记》，分成两个时期，第一个时期是在他遭受横祸之前。课文用第一、第二自然段来写了这个内容。这两个自然段中只有三句话直接写司马迁为了写《史记》做了什么事情，开篇写了司马迁受黄河文化影响，从小听英雄故事长大，其余则用更多的笔墨写了父亲司马谈对他的影响。这是一种介绍人物的很好的方法，不仅可以用直接叙述的方式，还可以写环境对一个人的影响，写一个人的成长历程。但是对学生来说，这样的写作方法是容易被忽略的。所以在教学中，除了让学生去研读直接写司马迁如何写《史记》的词句之外，还要指导学生发现在这样的句子中有写父亲对司马迁的影响。在关注了司马迁父亲对司马迁的影响之后，再延伸引导学生关注写成长环境的句子，最后教师总结构篇方式和写作的着眼点。长期这样关注篇章中的"序"，就能强化学生分析篇章的思维方式。

2. 从学生学的角度，明确学法指导的序列

学生学习知识的方法要有一个符合逻辑顺序的序列，由少到多，由浅到深，由简单到复杂，从低层次向高层次过渡和发展。教师要根据课程知识的特点和学生认知的状态，逐步体现年级之间学法的密切联系。比如，在理解词义方面，低年级应着重联系生活理解，到了中年级，要根据语境来理解词语，高年级则要求能够联系上下文理解词语，进行近、反义词辨析，领略词语的情味。又比如，在理解句意上，低年级能够采用图文对照法理解，中年级要采用联系上下文或者关键词语的方法举一反三，到了高年级就要探求言外之意，从句子中体会作者的思想感情。学生每学习一种方法，都是一个循序渐进的过程，不会一蹴而就。教学要层层推进，环环相扣，每个年级、每个学期、每个单元、每篇课文、每堂课，都要做到心中有数，尽最大可能减少随意性和盲目性。

三、不能教经验的知识，知识教学要有独创性

"最有用的语言学知识是语义而不是语法，而语义带有浓厚的经验性，并非纯粹理性的。"正是有了这样的规律所在，语文教学尚存在"模模糊糊一大片"的现状。教师凭经验教经验的语文，知识重复无序随处可见。比如，古诗教学总是要讲到数量词的使用、虚数与实数、动词的巧妙运用，以及诗句对仗、诗画关系等许多关于诗歌的知识。至于这些知识适合哪首古诗，适合哪个年级的学生接受，则不去管它。在大而全的透彻讲解中，模糊了适合学生的最重要的知识点。要克服凭经验教知识，我以为要做到：

1. 要有一份能力把握教材的"定篇"优势

《人民教育》2015年第5期登载了胡家曙的一篇文章《"用教材教"不应该成为教条》，文章明确指出："把语文知识从'隐性'状态挑明为'显性'状态，会明显促进学生的语言理解和言语运用，而这正是'用教材教'的真谛。"要把握好教材中隐含的知识，关键是要有一个正确的教材观。

（1）要正确地认识教教材的观点。反对单纯地教教材，教教材的内容就是要凭借教材的内容，关注教材的原生价值。

（2）用教材教，是指教学内容从文本内容出发，更多地指向教学的价值。这时，文本的内容就成了教学的凭借。对于教学的过程来说，感知课文的内容、了解课文所表达的主要观点和主题，应是教学的第一步。在感知内容的过程中，能够有意识地指向知识本体，学习与语文有关的知识，这就是用教材教。

（3）最高的层次是"不用教材教"。它是语文教学能够取得高效率的最重要方式之一。它促使学生能够跳出课内学习的小天地，走向课外学习和实践的大天地。很多优秀教师的做法都证明了语文学习的素养和能力来自学生自主学习。在实施"不用教材教"的教学方法时，不是放任自流，它同样要建立语文知识的序列，也要进行课外教材的甄别与选择。应在恰当的时候将"隐性"的知识点拨为"显性"的知识，从量变达到质变。

2. 要有一双慧眼发现文本的独到之处

教师对文本的认识要有"独创性"，这并不是说要"别出心裁"，而是要

"匠心独具"，尽最大可能让文本作为"例子"的作用最大化。

例如，《望月》这篇文章，是赵丽宏很著名的一篇散文。一般处理的方法是从江月、诗月、心月三方面来组织教学结构，突出文本"形散而神不散"的特点。然而如果我们能够在把握散文主要特点不变的情况下，突破习惯性思维，寻找到本文的神韵之处，突出童趣为本文之神，将江月的描写看作产生童趣的环境，咏月是激发童趣，那么高潮就应该是童心中的想象之月了。这样解读这篇文章，架构上就有了气韵，可以引导教学设计进入一个新的境界。

3. 要有一份胆识强化学生的语言实践

抓住典型语段，采用读写结合的方式，让学生在运用中内化知识，也是培养中高年级学生语用能力的主要手段之一。但在实施过程中，教师对片段的语言特点的指导，常常比较粗糙，从而导致学生仿写片段出现困难或者达不到具体要求。

读写结合的片段练习，应注意分步落实到位。以《北大荒的秋天》一文为例，可以学习总分结构的构段方式，学习运用拟人或者比喻手法表达事物特点的方法。

第一步，品读，点拨语言特点。朗读交流，引导学生品味语言文字的特色，自觉发现文本从三个方面写原野的热闹非凡，并关注文本中的修辞手法，体会关键用词的强烈渲染作用。

第二步，拓展，指点语法。通过出示棉花、麦子、稻子、红辣椒等庄稼苗壮成长的图片，指导学生懂得描写相应事物也能表达原野的热闹非凡。然后，有意识地选择其中一两种庄稼，让学生说说丰收热闹的样子，随机点拨比喻、拟人的修辞手法和好词的运用，如"棉花雪白雪白的，颗颗绽开笑脸"，又如，"红红的辣椒高举着灯笼，一片快乐的景象"。向学生强调语用的方法，强化语言的优点所在。

第三步，运用，构段成文。出示构段的句式，如：原野（　　）。（　　），（　　），（　　）。让学生选择多方面去写原野的热闹非凡。在完成片段后进行交流，教师着眼于片段仿写中的精彩部分进行点评，形成学生的语用能力。

另一种方式是仿写其他总分片段。如以"原野风景优美"，或以"原野物产丰富"为总起，多方面分写，既围绕内容内化，又围绕语言强化，取得训练效果。总之，运用读写结合的手法，不是简单地仿照写一写。教师必须落实文本的语用训练目标，析词析句又用词用句。

4. 要有一些智慧运用教学的生成资源

教师心中有目标、有知识，并已经做了初步的教学设计，这是预设。但是，预设之后，更要关注生成资源。在学习过程中，学生会在表达中体现对文本的初步理解。这样的表达，体现的是学生已有的知识结构，是"跳一跳，摘一摘"的最近发展区。教师敏锐地把握教学中的生成资源，相机进行点拨引导，往往会取得更好的效果。

以《绝句》这首诗为例，老师在备课中关注到了诗句的色彩美，黄、青、白、蓝四种颜色的搭配，构成了清新自然的画面。怎样让学生感受到诗句中的色彩美呢？当学生在讲述诗句意思"两只黄鹂在翠绿的柳枝上鸣叫"时，自发地用上了"翠绿的柳枝"，这说明学生已经不自觉地关注到了"翠柳"这个词的颜色了。教师就应该及时抓住这个表征，引导学生去关注诗句中"翠"这个表示颜色的词，并随即在诗句中找出其他表示色彩的词。黄鹂停歇在翠柳中，多么明媚；白鹭在蓝天中飞翔，多么清新！色彩感油然而生。

我相信，在语用学理论指导下，语文知识显性化教学的实践一定会更加规范和有效。

小学语文教学内容的重构是小学语文"意·创"之法的主要研究内容之一。其意义在于对学生个性学习的观照、对语文课程标准的观照、对教学表现形态多样性的观照。反思过度解读和诠释文本、过度灌输记忆性语文知识以及过度强调主观教学设计的种种弊病，倡导一种小学语文教学内容意义重构的新理念、新思维，为深化语文课程改革提供可操作范式。

教学内容重构的基本内容是注重课内，重构语文教材。遵循"语文形式"教学与"语文内容"教学互转的基本原理，思考语文教学内容的确立，回望语文教学实践中的偏差，注重语文教学内容的创生，回答文本自我理解、知识选择与转化、生成与转变语文经验三个方面的问题。

随着语文课程改革的时代步伐，小学语文"意·创"之法更注重课外学习的创新技法。进行戏剧化学习、单元整合学习、任务型学习等系列研讨，设置语文主题学习系列，开展主题阅读、群文阅读等课外活动。通过文学工作坊、戏剧工作坊、主持工作坊等社团活动，形成项目化学习的课程资源包，探讨小学语文"意·创"之法的新策略和新途径。

教学内容重构的逻辑起点是听说读写，终极目标是培养学生的语文学科核心素养。文化积累、知识结构、语言积累、表达运用等内容彼此关联、相互影响，共同构成小学语文"意·创"之法关于教学内容重构的研究课题。

第一节　对教学内容重构的认识

研究教学内容重构的内涵，厘清相关概念与关系，指明教学内容重构是语文课程改革的重要组成部分。同时，关于内容重构的教学策略，也为小学语文"意·创"之法的实践操作提供了帮助。

一、关于教学内容重构的内涵

在王荣生教授2003年出版的第一版《语文科课程论基础》一书中提到了语文教学内容重构，书中强调语文课程内容、语文教材内容和语文教学内容是有区别的，三者不是一回事。"语文教学内容，是教学层面的概念，从教的方面说，主要指教师为达到教学目标而在教学的实践中呈现的种种材料。它既包括在教学中对现成教材内容的沿用，也包括教师对教材内容的'重构'——处理、加工、改编乃至增删、更换；既包括对课程内容的执行，也包括在课程实施中教师对课程内容的创生。"在2004年出版的《新课标与"语文教学内容"》一书中，王荣生教授提出："语文教学内容重构是语文课程改革的当务之要，选择、确定合适的语文教学内容，是进行有效语文教学的核心环节！"

在2007年出版的《语文教学内容重构》一书中，王荣生教授再次提到，"语文教学内容是语文教学层面的概念，它同时面对两个问题：第一个问题是，针对具体情景中的一个班乃至一个组、一个学生，为了使学生更有效地达成既定的课程目标，'实际上需要教什么'。第二个问题是，为了使具体情景中的这一班学生乃至这一组、这一个学生能更好地掌握既定的课程内容，'实际上最好用什么去教'。'教学内容是在教学过程中创造的',它逻辑地蕴含着教师参与课程研制、用教材教和教学为学生服务等理念"。书中还提到,"一篇文章进入语文教材之后就不再是一篇社会阅读的课题了,而是语文教学的材料"。

"过去只允许一个'标准答案',现在鼓励多种可能的答案。学习人物形象的概括方法中的某一点,比如如何表述。领会小说人物和主题的关系。理解小说主题,感受小说主题的复杂性和丰富性。了解小说的接受史,体会阅读视野与小说阐释的关系。感受(反思)阅读者所获得的情感体验与文本注视点的关联。扩展对人、对人生的理解,即理解(反思)小说对读者的影响。学习文学作品的一种解读方法:系统、理性地分析阅读感受,自圆其说地阐发观点(评论)。体验小说阅读的一种方式:众人共同阅读,或者叫碰撞式阅读。"

"那么教材究竟想(意图)以哪一点作为这节课、这道题的'课程内容'呢?这需要语文教师在备课时'揣摩'。以上列举的相互之间或可关联或有贯通,那么在这节课的这道题上要关联哪些点、贯通哪些点呢?这又需要教师在备课时'揣摩'。说'揣摩',是在打马虎眼;真实的情况,很可能教材编制者压根就没有把哪一点、关联哪些、贯通哪些作为问题来考虑过,因而背后也就没有什么东西可供揣摩——围绕这道题的这节课'教什么',其实是要靠教师来'生产'的。"

"语文教学内容的选择,不是由教材一个要素决定的,还涉及学生认知发展阶段性的问题。因此也不可能是教材有什么我们就教什么、学什么,我们只能选择教材内容与学生认知发展相一致的内容。"王荣生教授提出,"在理想的情况下,'备学生'和'备教材'是统一的,正是在'备学生'的过程中完成了'备教材'——教师根据学生的具体情况,将课程专家提供的'一般应该教什么'转化为'实际上需要教什么',将教材专家建议的'通常可以用什么去教'转化为'实际上最好用什么去教'。关注与学生实际的契合,这就是'语文教学内容'的本来含义"。但是,"语文教学的内容并不是预先成型并客观呈现于师生面前的,恰好相反,语文教学的内容,是必须由教学双方在教学实践中现实地生产出来的;语文教学的过程,也就是一个语文教学内容的生成并完成的过程"。因此，在实际教学过程中，需要对一些内容进行重构。

目前国内关于语文教学内容重构的研究成果主要有：屠锦红发表于《教育探索》2010年第1期的《关于重构语文教学内容若干问题的思考》；耿春琴发表于《语文知识》2016年第12期的《课堂里玩味真语文——例谈教学内容的选择与重构》；许红琴发表于《中小学教师培训》2011年第1期的《打通"课程内容"和"教材内容"的联系，重构语文"教学内容"》等，以上论文的研究规律是从教学改革的新理念出发，强调教学内容重构，关注学生语文素养的提高，关注课程目标，关注学生语文实践活动训练。

二、关于教学内容重构的策略

语文"课程内容"指的是语文课程承担的教学任务，它从宏观层面观瞻语文该"教什么"，学生该"学什么"，是达成语文课程目标的载体。字词句篇、语修逻文等语文基础知识、听说读写思等语文基本能力、语文学习策略、情感态度价值观等，都应该是语文课程内容。

语文"教材内容"应该是语文课程内容的具体化，教材相当于一个资源库，包含着丰富的课程内容教学资源，但这些资源是隐性、无序且综合地存在于一篇篇文质兼美的课文中的，需要教学者去寻找、辨识、筛选。

语文"教学内容"是指语文教师走进课堂需要确立的具体而细化的内容，即从微观层面观瞻每一堂语文课上教师应"教些什么""怎么教"，学生该"学些什么""怎么学"等。

语文教学改革当务之急是解决好"教什么"的问题，其次才是"怎么教"，在此基础上思考"为什么教""教到什么程度"。"教什么"，就是选择什么内容进行教学。语文教材是学生学习的重要依据，它应该成为教学内容选择的核心资源。当然，这不是说把教材内容当成课程内容，而是要认真研读教材，理解教材的编排意图，正确解读文本，尊重文本的价值取向。根据课程目标的年段要求，以及学生的学习状况和生活经验、认知水平和发展需要，把教材中对学生最有价值的学习内容提炼出来，从教师自身的教学特点或教学风格出发，选择教学方法或教学策略，对教学内容进行重构。

对于以上表述可以理解为，教师进行备课时应该把教材作为文本，用教材教，而不是教教材。备课时根据学生实际和文本的体裁特点，依据课程目标确定教学目标，根据教材内容确定正确的教学内容，并重构教学内容。具体策略有：

目标导向策略。即结合学生学习实际，围绕单元目标梳理出重难点，确定教学内容，并以单元为整体展开教学活动。操作流程为梳理单元目标、确定教学内容、实施单元整体教学、设计单元测评方案。

序列分解策略。从学生学习重难点出发，将单元习作要求分解为目标序列，再依据序列和文本个性特点确定教学内容。操作流程为抓住教学要求、分解目标序列、确定教学内容。

秘妙创生策略。从表现的角度看，文本秘妙就是文本与众不同的特色与个性；从语言的角度看，文本秘妙就是隐藏在话语背后的语言创造和价值。秘妙创生策略即把握文本个性，确立语文核心价值，围绕语文核心价值展开教学内容重构。寻获"秘妙"，利用"秘妙"创生出精彩鲜活的教学内容，是重构的一个关键。操作流程为寻找文本秘妙、确定核心教学价值、选择教学内容、教学设计。

同类对比策略。同类对比策略简单讲就是同题阅读对比。具体而言是指要求学生同时阅读描写同一对象（如动物、植物、风景、人物等）的若干篇文章，在比较、分析中体会不同文章不同风格的语言表达，丰富自己的语言积累。操作流程为典型课例初读感知、深入感悟体验写法、同组类比领悟异同、练笔迁移学以致用。

主题升华策略。语文教材中有许多课文的思想和主题虽相同，但阐释主题的角度不同。主题升华策略即把握单元主题，从不同角度补充拓展阅读，推进学生层层感悟。操作流程为搜集资料初读积累、读文悟情各有侧重、拓展表达深化主题。

以上五大策略，前三者侧重于单元整体观照，后二者侧重于单元整体观照下的"部分体验"，五个策略既各自独立又相互融合、相辅相成。

第二节 重构的意义和价值

教学内容重构是在教师深入理解教学文本、具体展开教学实践活动中，对教学内容这一重要因素进行具体分析，综合考虑教学目标、课程知识、学生状态、教学情境等诸多要素以及之间关系后，对教学材料进行动态裁剪，合理建构教学过程，有效汲取教学资源的一种重要策略。

一、小学语文教学内容重构的意蕴所在

在当前语文教材不断进行修订的背景下，为什么还要进行教学内容的合理重构？教育者总是假设通过不断完善的教材，引导教师合理规范地开展教学实践，并能够取得符合课程标准要求的教学效果。然而，从实际情形看，教学过程的复杂性更需要教师考虑教学情境中的诸多因素，做出选择和决定。因此，提倡对小学语文教学内容进行重构，有其重要的现实意义。

1. 教学内容重构体现了对学生个性学习的观照

教学内容的重构体现了课堂教学对个体学习者学习状态的多样性的观照。教材编写意图与学生的接纳结构之间存在一定的差异，更由于不同地域学生的学习前置不同，产生的教学重点和难点大相径庭。

例如，在语文教材选篇中，有大量介绍风土人情或祖国大好河山的文章，这些文章对于不同地域的学生产生的认知障碍肯定是各不相同的。做好学情的分析摸排，通过重构教学内容，及时调整教学重难点和教学设计，可以让课堂教学的预设更接近学生的生活经验、知识积累和认知体验，在顺畅达成教学目标的同时，也能更好地实践与学生的平等对话，解决教材的统一性与学生个性

差异之间的矛盾。

2. 教学内容重构体现了对语文课程准确贯彻的观照

教学内容是达成语文课程目标与教学目标的主要依托。从表面看教材选篇，仅仅是单纯的内容层。透过语言文字，语文知识、情感与价值观乃至逐步有序提升学习语文的能力，都蕴含其中。语文学习的机理就在教学内容的有效选择与重组上。

近年来，语文教学一直在讨论"语文到底应该教什么"的问题，其实就是要教师抛开对文本内容的机械讲解，着眼于对语文课程目标的关注，理清教学目标与课程目标的关系，将目标与内容有机结合，深度分析文本，以重组的内容为基点展开教学活动。既要考虑作为文本重要组成的课程知识，又要考虑知识再现与生成过程中学生的差异性，进而设计出适切的教学方案，让课程目标有序地达成。

3. 教学内容重构体现了对教学表现形态多样性的观照

承载教学内容的教学流程，体现着教师对教学内容的理解与选择。在实践判断中，对教学内容是关注这个还是关注那个，会有不同的表现形态。"教师会依据特定内容、特定学生、特定情境，对大脑知识库中的知识进行瞬间提取和关联。"也正是教师这样的自洽性，让教学内容重构成为可能，并以此表现出教学形态的多样性。

教学内容的重构，可以避免教学设计的单一复制。在实际教学中，教师从教案集或网络上下载现成的教学设计进行教学的举动，令人深恶痛绝。因为这样的做法，抹杀了教师对教学认知、情感体验和未来发展的意志努力。所以，在教师进行教学实践的过程中，我们更强调教学的"创新"，而通过教学内容的重构可以引导教师创生出更多的教学表达。

二、透视教学内容重构偏失的现象与成因

教学内容重构是教学实践的具体化过程。教学现实的多样性、多变性决定了教师必须以把握教学方向、尊重教学规律、强调教学实效的态度来看待内容重构这一重要教学策略。正如杜威所言："如果没有关于实际条件和因果关系

的知识，任何'应如何去做'的建立和准则都是愚蠢的冒险；同时，任何确立为目的和价值的东西都是空洞的理想。"教师应该透过已经存在的纷乱现象，合理甄别、选择、优化这一教学策略，使其具备价值合理性和事实合理性，完备地体现于教学实践。

1. 因过度关注文本的多元解读，而跑偏了教学内容重构的方向性

"一千个读者就有一千个哈姆雷特"，这句话几乎成了文本多元解读的形象代言词。文本多元解读的理论和实践探索已经成为许多语文教师着力进行教学内容重构的切入点。然而，在教师多元解读文本的过程中，存在着不少问题：其一，片面理解对文本解读理论，过分强调多元性和开放性；其二，解读过程中过度强调个性化体悟，剑走偏锋，强行灌输生冷僻的理解；其三，用教师的解读替代学生的解读，忽略学生的个体经验与认知能力。这些在解读文本中出现的盲目问题，从内容重构的起点处就产生了跑偏的隐患。

文本多元解读的限定性与教学内容重构的方向性高度契合。两者首先必须符合阅读教学目标的合理设定，任何高于年级课程目标的解读与重构都必须进行删除。其次，要充分考虑学生学习经验与学习能力的可能性，将教学内容甄选在学生可能接受的范围之中。再者，就是要选择与课程知识体系、文体特点、文本逻辑等相一致的内容加以深化解读。只有这样，文本的多元解读才能真正为教学内容的合理重构打下基础。

2. 因过度关注阅读的知识教学，而跑偏了教学内容重构的文化性

阅读教学要关注知识教学已成为共识，但目前知识教学的偏激异化现象，也导致了教学内容重构的偏激异化。在教师选择教学内容进行重构时，出现了两种错误现象：一种是"碎片化"知识教学，割裂知识的整体性、序列性，将文本中可能有的知识点都提取出来，围绕所有知识点进行内容重组，可能产生的后果是知识的重复教学，凌乱不堪且导致教学效率低下；另一种是"贴标签"知识教学，用"干瘪"的知识符号去对应教学内容，类似于"寻宝"，搜集知识答案。学生在以僵化的知识为中心的学习中，成了拿着手术刀解剖"内容"的医生。

知识之所以会异化成教学"流水线"上的产品，究其原因，是教学内容和教学过程严重忽视学生的人性成长和语文的文化属性。课程知识的产生和选择，都要考虑其内含的人文意义。如果说，教师在教学内容重构的过程中，能够恰当地还原知识产生的情境，彰显作为知识实践者的教师和学生的文化精神，涵养语言文字呈现的人文内涵，那么，教学内容重构就能升华为获取知识、传递情怀的重要手段。

3. 因过度关注过程的主观设计，而跑偏了教学内容重构的逻辑性

教师对教学内容和教学过程的控制，一般具有强烈的主观意识，甚至偏好。"教学逻辑代表了教师实践判断的一种'偏好'，是教师个人认可和信奉的实践原则，只要有情境、有选择、有决定就会体现出这种偏好。"这种偏好，在某种程度上阻碍了教师对内容重构逻辑性的关注，使得不少教师无视教学内容的差别和教学情境的差异，凭教学经验或者主观认识设计流程进行教学。

教学内容重构的序列预设，首先，要尊重文本内在的逻辑结构，文体特点不同，依据教学目标和重难点提取组合的教学内容也是不同的。如果用教学说明文的方式去架构故事性文本，肯定会受困于错误的预设，达不到预期效果。其次，要有效解决教学内容与学习活动内在逻辑的矛盾。师生之间多角度的对话过程可能会使得预设的内容和话题朝多维方向发展。因此，在教学内容重构时要更多地进行学理分析，认准学生在不同内容展开时的认知起点和发展动向，灵活展开话题，形成顺畅机理，水到渠成。

三、破解教学内容重构问题的有效路径

教学内容重构体现对教师实际教学价值的追求，"从现实情形看，对教师行动具有实际规范意义的往往既不是纯粹的普遍原则，也非单纯的特定情景，而是具体的实践判断"。教师在教学内容重构的实际操作过程中要主动考虑教学目标、内容、手段、环境等组成因素，更要主动考虑教师对课程、教学、教材的理解以及对学生状态的把握，从而确保教学内容重构的稳定存在和科学存在。

1. 关注语文本真，使教学内容重构在工具性和人文性之间有效关联

教学内容重构是对知识的有效提取。这种提取，需要从以下三个方面加以

考虑：其一，是语文知识本身所具备的体系，它呈现螺旋上升的发展态势，任何超越认知规律的知识教学都会成为学生一知半解的"囫囵吞枣"。其二，要从知识与文化的契合点处提取。语文课程知识中蕴含丰富的文化类型，教师要从自身对文化理解的角度，促使知识原本包含的文化内容在重构中得以显现和生成。其三，知识教学更要关注学生。要根据学情及时调整知识学习的内容和程度，将教学内容重构实实在在地建立在理解学生差异存在的理念之中。

教学内容重构的品质如何，很大程度上取决于语文"味道"的浓度。文本承载知识时，会以文体样式体现不同的言语结构、意义表征和情感表达。因此，品读文本的整体结构和文体特点，是教学内容重构的一大切入点。选择适宜的语境，引导学生重点品读语言文字的表达内容和表达形式，引导学生关注言语形式传递的内在情味，使语言学习由表层走入深层，又是教学内容重构的另一大切入点。

2. 关注逻辑要素，使教学内容重构在文本逻辑和教学逻辑之间有效关联

教学内容重构的学理特征，在于不随意或过度解读文本，在于遵循学习的逻辑规律，做好"剪枝的学问"。加减有度，以课程标准为基准，依托文本，超越文本。厚薄有寸，凝练精华，丰富内涵。简繁有法，让教学线条优雅精致，学有所得。

（1）遵循文本逻辑进行内容重构。连贯文本的语言系统和组织结构，统一表意系统和情意系统之间的联系，促进文本各要素之间协同表现。

（2）遵循教学逻辑进行内容重构。在文本框定的教学情境之中，教师建构的教学过程要合乎教学规律、教学价值和教学现实。关于教学内容和教学活动的构想，要体现合理的递进关系，体现文本话语系统向教师话语系统、再向学生话语系统转化的有序有效性。

（3）遵循学情逻辑进行内容重构。学生不仅在不同年段的认知水平不同，而且在一堂课的不同时期认知和理解水平也会有所不同。要根据学生在学习中的认知变化，选择合适内容进行教学，体现由浅入深、由易到难的推进过程。

3. 关注对话提炼，使教学内容重构在课堂预设与生成之间有效关联

教学内容重构是对实践活动的动态表达。通过备课活动，教师实现了文本内容向教师认知内容的转化，在这一转化过程中，教学内容的重构得以初步落实。但这样做仅仅是预设的开始。要促使课程知识全部转化，必然涉及教学与学生的关系转换。要尽最大可能寻求适切的话题，让学生能在共同的话题讨论中，逐步领会教师进行教学内容重构的意图，触动真正的学习行为发生。

优秀的话题来源于对教学内容重构的深层次把握。首先，多角度地打开文本的丰富内容，寻找话题来源；其次，依据教学逻辑，审视这些话题，删除不合理的话题内容；再次，进行学理深思，凝练出符合学科特点和学生认知特点的话题；最后，进行分解细化，串联起目标、内容、话题之间的联系，引导学生层层递进所学内容，达成效果。

综上所述，教学内容的合理重构是一个美好的过程，它使教学内容清晰明了、教学过程清清爽爽。教学内容的合理重构也是一种教学的深度，它能把握语文教学的实质，使语文课堂充满张力。教学内容的合理重构还是一种美好的境界，它使语文教学走向学生，成就对学生的生命关怀。

第三节　阅读教学的统整策略

一直以来，小学语文教学"雾里看花""模模糊糊一大片"的现状普遍存在，教师"教读文本"，"碎片化"组织教学，使得教学缺少内在的训练目标，缺少内在的教学活动变化，缺少内在的训练序列，更缺少内在的教学资源整合，导致语文学科依然处于高耗低效的困境。要改变这一现状，破除这样的教学行为，小学语文"意·创"之法对课堂教学结构有一个革命性的改进。

一、合理分布教学目标，让课时要求清爽起来

小学语文"意·创"之法增强了制订教学目标的意识，特别是课时教学目标的划分，清清爽爽。课时目标的确定，应该因年段课程目标不同而异，因教材特点而异，更要因学生的认知水平不同而异。

例如，低年级的第一课时，应以读准字音、读通读顺课文为主，扎扎实实地进行字词教学。中高年级的第一课时，应在疏通课文的基础上开讲部分内容。注意避免两种情况，或者第一课时内容太过少，或者第一课时的内容太过贪多求全。

以《埃及的金字塔》为例，第一课时分为以下几个板块：第一板块是教学字词，读通课文；第二板块是按照课文总分总的结构，学习概括课文主要内容；第三板块着力学习课文的第一部分，学习文本描述金字塔的宏伟又精巧的文字。课文第二部分关于如何建造金字塔的片段，放入第二课时学习。这样的课时安排充分体现了高效的语文教学目标。

又比如，《老人与海鸥》分为两个部分，第一部分写老人爱海鸥的情景，

第二部分写海鸥留恋老人的场面。虽然六年级学生学习语文的能力已经比较强了，但是如果说一课时就将第一部分和第二部分都进行讲读，那就有囫囵吞枣、忽略研读语言文字精妙之处的嫌疑了。我们在课时划分时，如果将第一部分的重点落在研读老人爱海鸥的片段，就能将文中诸多细节描写咀嚼得恰到好处，并由此带动情绪体验，再现老人与海鸥相处的动人场面。

由此可见，确定课时目标，既要着眼于对小学语文六年的教学整体目标的通盘考虑，也要着眼于近期目标，充分体现阶段特点、文本特点、认知特点，从而有序、渐进地完成好每一个年级、每一个单元、每一个课时的教学任务。

二、有效设计块状结构，让教学环节清晰起来

长期以来，教师习惯用文本内容串联教学环节，形成线状的教学结构，听说读写等基本学习活动以散点方式分布在教学流程中，容易出现碎问碎读碎说，单个对话频繁，没有选点深入，学生读写和实践活动时间不多，积累意识很差等现象。教学结构没有变化，教学程序还是过去的样子，学生还是过去的学法，是不可能真正改变"碎片化"教学的现状的。

小学语文"意·创"之法设计块状结构，可以有效地改变教学思路。教师根据文本的主要特点，结合年段目标和教学要求，整合学习材料，从不同角度有序地安排几个板块，然后把板块连接起来，形成层进式的教学流程。块状分布的教学设计，内容优化，结构清晰，表现出一块一块扎扎实实地进行语言文字训练的特色。

以《清平乐·村居》为例，依据诗词教学的主要环节设计如下板块：第一板块，熟读诗词，通过对比了解词的知识；第二板块，通过自学注释，明确词意，同时学习解诗词需要倒置理解的方式；第三板块，想象画面，感悟意境，通过想象美景图、悠闲图、劳作图、游乐图等画面，感受农村悠闲自得的田园风光；第四板块，拓展延伸，品味诗情，由对诗整体的把握，讨论出诗人喜和醉的心情。四大板块层层递进，既符合学诗词的一般规律，又环环清晰，一进一得。

再以我教学《庐山的云雾》为例，我从文本中提取了三组词串"景色秀

丽、变幻无常、腾云驾雾、飘飘欲仙""笼罩、缠绕、弥漫、遮挡""瞬息万变、随风飘荡、一泻千里、四蹄生风"，将教学重新组合成三个板块，明晰了学习思路，精简了提问内容。教学的落脚点放在了欣赏与美读结合、积累与品读深入上，达到了充分利用教材设计实践活动，凸显语言学用的美好境界。

三、凸显"主问题+"思路，让语言训练干净起来

课堂提问是教学的必要手段，但是，浅层次的或者同一平面的重复提问，会令学生思维僵化、浅表，缺乏后继发展的可能。反之，有变化的活动形式和层层深入的思维坡度能触发学生积极参与的兴趣，灵动的训练、精粹的提问、节奏的变化，可以促使学生听说读写水平的整体提高。所以，在设计有层次的训练环节时，要尽量避免以下三种情况发生：

1. 避免一味地谈感受

比如，《老人与海鸥》这篇课文是一篇情味很浓的文章，很多处都可以结合着阅读具体的描写谈感受。但是，如果每学到一处，就让学生谈自己的想法，甚至读写结合也谈自己的感受，没有合适的提升点拨，教学始终在一个平面上展开，会浪费很多学习时间，却没有实质性提升。

2. 避免一味地进行煽情

还是以《老人与海鸥》这篇课文为例，有老师在很多的地方都进行了煽情。文中对老人有一段描写："他背已经驼了，穿一身褪色的过时布衣，背一个褪色的蓝布包，连装鸟食的大塑料袋也用得褪了色。"这本是一段非常精彩的描写，3个重复使用的"褪色"，充分体现了老人为了爱海鸥在生活中节衣缩食的表现。在此处，有的老师没有抓住用词的精彩之处，而是煽情地补充讲了老人平时更为朴素的生活，甚至讲了老人为了省钱连病都不去看的行为，这样设计，对学生学习语言文字毫无帮助。

3. 避免一味地想象说话

小学语文课文中有许多童话故事，这些故事有很多地方是可以展开想象的，但究竟在什么地方需要想象，这是值得推敲的。以《巨人的花园》这则童话作为例子来说明。比如，文中第一段写道："村里的孩子都喜欢到那里

玩。"如果在这里让学生想象，孩子们在花园里玩了什么，仿佛听到了什么，就没有多大的意思。文中第八自然段写道："小男孩没有拔腿逃跑，却用他那会说话的眼睛凝视着巨人。"在这里老师让孩子们想象，那会说话的眼睛可能对巨人说了些什么。这样的想象是对童话故事跳跃情景的一种补充，这样的想象是有必要的。

在以块状结构呈现教学环节的"板块式"教学中，设计一个值得探究的"主问题"，并采用"主问题+"的形式来提点问题的递进性，能统筹训练多种形式和多个关注点，恰当组合和调节训练内容，各有侧重。这个"+"指的是"追问，话题，任务，活动"，让"主问题"下的每一个设计，都能让学生自主思考、积极动脑，牵一发而动全身。

以《半截蜡烛》为例，主问题设计为"由人物语言推及人物内心的变化"。为完成"主问题"，设计以下三步"+"：第一板块，对课文背景材料进行厚重铺垫；第二板块，初读，每位同学都要为文章写一句"导读"（必须讲清藏着什么秘密，找了什么借口，结果怎么样，半截蜡烛的好处）；第三板块，细品，采用先写后说的活动方式，品读故事中扣人心弦的描写；第四板块，精读，根据故事内容，分析杰奎琳的机智。

这样的"主问题+"设计，内容整合，设问恰当，关照细节，训练手段多样，学生参与面广，思维有坡度。

四、自觉改进操作程序，让学生活动自主起来

在课堂上，只有学生积极参与的学习活动，才能促进学生内化语言，形成语用能力。"碎片化"教学的直接效果表现为教师不断依据文本内容进行教学提问和设计各类语言训练活动，而学生被动进行学习活动却不知道为什么要进行这样的思考回答，为什么要进行这样的学习活动。小学语文"意·创"之法克服"碎片化"教学，就是要提高教师组织学生学习活动的能力，使教师学会提取、整合文本中的教学资源，进行有效重组。

方法之一是引导教师记录教学流程，将注意点集中到是否采用块状结构和主问题是什么这两个关键点上，思考教学设计目标是否明确、方法是否简洁、

流程是否清晰、文意是否凸显、读写是否结合、学生是否活动等要点，从而促使教师改变教学行为，将操作程序设计的落脚点放在让学生充分活动上。

以《雾凇》为例，对教师的教学流程进行实时观察。分析为第一层次关注文意的把握。第二层次通过有序地展开文本，让学生懂得科学小品文的写作特点，即科学定义与形象描述相结合。第三层次是读写结合，仿写《雾》。优点是运用了"选点细读"的教材处理方式，层次推进，纵横勾连，品词论句，读写结合。不足之处是教法单一，主要采用品析教学的方法；学法单一，以学生被动思考的学习方式为主。

在基本保持板块清晰的基础上，从减少教师提问，让学生更多地进行学习活动，在活动中历练能力的角度出发改进教学。更多地采用朗读法，认字、识词、美读句子。给出文中关键词语，如"弥漫、笼罩、淹没、模糊"或者"最初、逐渐、最后"，让学生在语言学用的过程中渗透知识，获得技能训练。还可以结合字词品析，给出一个话题"课文中一个词很重要——"，让学生小组讨论，自由发言，获得集体训练、综合实践、当堂见效的效果。最后美段背诵，积累语段。这样设计，教学层次更为清晰，学生自主学习更加到位。

小学语文教学的"意·创"之法试图改变教师的"碎片化"教学，实施内容重构的统整策略，说到底，不单纯是教学思路的改变问题，更重要的是教学思想的改变和课程意识的培养，因而任重而道远！

第四节 开放式阅读教学

"开放式阅读教学"能克服传统阅读教学"课堂中心、书本中心、教师中心"的弊端，力求将语文学科的内在逻辑与学生语言学习的内在规律结合起来，满足学生生动活泼发展的内在需要，是小学语文教学内容重构的主要手段。

一、变封闭为扩展——追求开放

"开放式阅读教学"的基本特征是"开放性"。它主要表现在三个方面：阅读教学向社会生活系统（包括自然环境、社会或社区环境、家庭环境）开放；向传媒信息系统（广播、电影、电视、电脑、网络、电子读物和各类书籍）开放；向学生个性生活经验系统开放。"开放式阅读教学"将建立在这些系统互相联系的基础上，以适应学生阅读的规律和要求。

1. 阅读心灵的开放

阅读是一种高度个性化的心智活动，积极、轻松的阅读情绪能使学生全身心地投入阅读，进行阅读创造，民主、平等、和谐的阅读气氛有利于师生在共同阅读过程中探究问题、交流见解、达成共识。"开放式阅读教学"强调教师要善于营造一个有利于阅读主体情绪化的"场"，还学生没有压抑、没有约束的阅读状态。要求教师不再充当文本发言人的角色，对文本的解释不存在最终权威，学生可以依据自己的生活经验、文化积淀重构读物的具体形态，从而获得个性的释放。

2. 阅读目标的开放

阅读教学的终极目标是培养学生阅读能力，提高学生人格素养，但就各阶段的阅读个体来说，由于存在兴趣、能力、需求上的差异，阅读短期目标会因人而异。"开放式阅读教学"充分考虑学生阅读特点，提出分层目标，允许学生有不同程度的提高，从而使阅读由知识积累型向素质发展型转移。

3. 阅读内容的开放

封闭式阅读只关注教材，关注课堂的阅读，而"开放式阅读教学"强调阅读与生活的联系，大胆地让学生直接面对生活，直接面对阅读文本，阅读材料不局限于课本，鼓励学生自由阅读、充分阅读，阅读内容丰富多彩，能满足不同发展水平学生的阅读需求。

4. 阅读过程的开放

在开放的阅读过程中，学生通过主动思维和积极情感活动，寻找阅读材料与经验、体验的相似之处，引起共鸣、激活同感。"开放式阅读教学"增强了阅读过程的开放性，让学生学会通过亲身经历积累更多有益于他们日后发展的生命经验与生活底蕴，获得建构知识的学习方式。

5. 阅读形式的开放

在"开放式阅读教学"中，阅读形式是多种多样的，可以是个体的阅读活动，如读书读报、摘录资料、网上浏览等，也可以是小组合作阅读活动，如开展语文比赛、交流读书心得、文学小团体活动等。总之，一切对阅读有利的形式都可以在师生的共同努力下创造出来。

6. 阅读时空的开放

"开放式阅读教学"的阅读时间不局限于课堂，阅读空间不局限于校内，只要学生积极主动地阅读，任何时间与任何场合内的阅读都是开放式阅读的有效延伸，教师要有意识引导学生开阔阅读视野，将学生阅读到的内容转化为知识积累，成为他们自身素质的一部分。

二、变被动接受为主动探究——凸显主体

在传统的阅读教学中，教师往往以自己的教学愿望将学生巧妙地引入教学设计中，重视如何"教"，却忽视了学生自己领悟和感受的过程，以"教"代"学"，用教师的思维代替学生的思维，用教师的"教路"替代学生的"学

路"。学生在这样的阅读过程中丢失了自我，丧失了主体地位。

一位专家曾经说过："就语文学科来说，学生的语文能力归根结底不是教师教出来的，而是学生借助主体实践——对话、阅读、作文才得以形成、提高的。"阅读是再创造的过程，学生是阅读的主体，是文本的最终完成者。唤醒学生的主体意识，发展学生的主体能力，塑造学生的主体人格，有利于激发学生学习的主动性，形成推动小学生积极、自主、持久地学习的内部动力；有利于学生全身心投入学习过程，参与创造过程；有利于适应学生发展的差异性，使阅读教学成为展示学生生命价值的绿洲。

1. 给自由读书的权利

对于读书，学生有自己的价值尺度，这就是童心、童真、童趣，要充分满足学生的好奇心和求知欲，让他们以自己习惯的方式读书，读自己喜欢的书。教师在课堂教学中应少讲多读，给学生充分读的时间。

2. 给独立思考的权利

在自由读书的基础上，鼓励学生独立思考，从不同的角度研究问题，打开思路，寻求多种答案，用自己的眼光探索新知领域，有自己所想，大胆发表独特的见解。

3. 给人际交流的权利

语言是人际交流的工具，教师要经常组织学生进行交流讨论，或有目的地分学习小组，或以志趣相投进行自由组合，让学生各抒己见，标新立异，思维碰撞中求同存异，形成良好的交流讨论氛围，追求无师自通的境界。

4. 给质疑问难的权利

引导学生敢于探求，发现问题敢于向成人提问，敢于对书本进行反思，敢于怀疑，敢于否定权威；倡导追求思维个性，培养自我反馈、自我修正、自我评价的问题意识与解决问题的能力。

三、变统一化为个性化——突出自由

"没有什么比自由更有益于人性的发展了"，自由是人参与活动的最佳境界，当学生可以按照自己的意志、兴趣进行活动时，就获得了一种自由，体验了生活的乐趣。在"开放式阅读教学"中，学生是人格独立的主体，对阅读内容可以自主把握，可以随意表达见解，师生平等交往、互相沟通，自由的学习状态使学生自主活动、主动参与，生命活力得以张扬。

1. 自由表达

教师若只按自己意愿强迫学生朝既定方向谈体会，就剥夺了学生"说自己想说的话的自由"。教师要为学生营造自由表达的宽松氛围，使他们遵照自己的认识方向，充分表达自己的思想，表达自己的情感，表达自己精辟、独到的体会。

2. 自由选择

在自由选择中，学生的自主意识被唤醒，创造潜能被激发，学生可以根据学习要求有效地自由选择阅读内容、自由选择阅读方法、自由选择阅读信息，甚至自由选择学习伙伴，从而获得真正的学习与发展，享受人的价值与尊严。

3. 自由活动

将阅读的主动权交还给学生，使学生的阅读心智活动不受任何"规矩"的限制，可以自由感受、自由体验、自由思维等，并结合开展丰富多彩的语文实践活动，激发学生高度的参与活动的自觉性，从而达到以活动促进发展的目的。

四、变静态为动态——激发活力

阅读是一种语言实践活动，是个体情感活动和思维活动有机结合的心理过程。现代学习心理研究表明：学生进行独立的阅读活动，要经历从感知到想象，从形象思维到分析综合、抽象概括的复杂心理过程。被动、单一的阅读教学使学生很少用主动、创新的方法去学习。

"开放式阅读教学"让学生自主地感受、理解知识产生和发展的过程，培养他们收集处理信息的能力、获取新知识的能力、分析和解决问题的能力，使他们在阅读的心路中，得到审美熏陶、灵魂净化、人格升华。这是一个动态的学习过程，是一个循环上升的活动过程，是用发展的举措提升学习意义的过程。

1. 培养语感

"开放式阅读教学"非常重视语言感悟能力即语感的培养，语感来源于学生感官和心灵对语言的感受，并由这种感受不断积淀而成。语感具有鲜明的个性特点，"每个人都用自己的语言说话"。学生具有敏锐的语感，会根据自己的语感状态对阅读材料进行自己的选择与理解，领悟语言文字的内涵并加以改造，形成自我反映、自我观点，促进心灵成长。

2. 重视积累

"开放式阅读教学"充分重视学生的语文积累。首先，要走出对语文积累的认识误区，科学把握语文积累的内涵，它不是机械地抄抄写写，简单地读读背背，而是一个由众多心理因素参与的复杂学习过程。其次，要跳出"小语文"思维定式，关注语文与生活、自然、社会的联系，不仅积累语言本身，更积累文化、积累生活，使语文材料等学习对象成为自身主体的一部分，在积累活动中接受人文内涵的熏陶，发展综合素质。

3. 强调体验

体验与"开放式阅读教学"有着密切的关系，教学过程中的体验重视发挥个体的情感、体察、领悟、想象等心理功能，强调学习知识与学习主体的互动联系，突出人与物、人与人的多向交流，从而形成对内、对外同时开放的格局。当学生通过自我实践，渴望获得直觉、敏感、童心与灵性等真正体验时，就能发展提问、研究、发现、思索等相应行为，这些行为将使知识经验得以升华，让被动接受变为主动获得。这些行为成为学生学习的基本态度后，对学生今后的继续学习和终身学习具有重要意义。

下篇

求"创"

传统的小学语文教学以灌输的模式把符号直接输送给学生，脱离了学生的知识情境、生活经验和心理活动，自然就逐渐丧失了语文学习的意义。语文教学应该在师生平等对话中进行，在这个背景下深层次地理解语文意义的建构，通过对话交流，让儿童把语文文学符号跟自己的生活世界和生活经验联系起来，通过心智思维活动形成认识世界事物的态度、情感、价值观，创造属于自己的文化世界的无限张力，实现三个世界融合的教育终极目标。

在教学领域，小学语文"意·创"之法可以被理解为让学生通过有技巧的学习方法，透视任何要学习的内容，让更多的信息、技能和经验得以连接，形成更有意义的学习策略。教师要指导学生进行超越内容的学习，提供学习的广度和深度；指导学生学习迁移，将习得的知识与技能应用到许多其他可探究的主题或问题上。

这样的小学语文"意·创"之法超越了个别知识的习得，可将知识应用到学科之内或以外的新情景中，因而可以说是在"创造"语文。其"创"，不是让学生拿着手术刀去解剖文章，而是充满语言感觉地理解语文、表达语文、实践语文，让语文学习变得简单、变得有趣、变得有用。

小学语文"意·创"之法从语文意义建构的视角，剖析了语文学习的本质特征，用典型案例实证了儿童语文意义建构的可能性和可引性，为语文的课堂教学改革提供了一种新的操作范式，倡导一种语文意义回归儿童生活的学习建构主义新理念。

第一节　预设与生成

　　一份精美的教学设计，凝聚了教师刻苦钻研的心血，但在学生面前，在突然出现的学情波澜面前，我们发现了教师的无法应对，或束手无策，或放任自流，留下了很多值得反思的遗憾。教案中那些因为人的因素而无法完全预约的"盲点"该如何解决？如何使教学不仅因教师的劳动而精彩，更因学生的活动而精彩呢？

一、生本预约

　　《人民教育》在开展"预设与生成"专题讨论时，提出了"生本预约"的观点，认为这种预约是在新课程理念下的预约，是以学生为本、以学生的生命生长和发展为本的预约。在一定意义上，教育是直面人的生命，通过人的生命，为了人的生命质量的提高而进行的社会活动，是以人为本的社会中最体现生命关怀的一种事业。回视以往的教育，漠视了人的体验，忽略了生命的需求，不少教师心目中有教书无育人，有知识无生命，没有把学生当作一个鲜活的生命个体看待，过分看重生命以外的东西，导致教育和教学成为重复性的机械劳动，变成不需变革的封闭循环过程，严重扭曲了生命的自然状态，扼杀了人性中的鲜活因素。

　　现代教育理念呼唤人性光芒的照耀，关注人格的完善与发展，教育学生热爱生命，指导学生光大生命，发挥学生潜在优势，提高学生生命质量。具有人文特性的语文课程具有丰富的思想性、生动的情境性、广阔的开放性，最能把学生引入五彩的生活世界、独特的心灵世界，最能创设课程情境，让学生去经历、去实践、去进行充满智慧的探究。语文教育这一人性特征的回归，需要立足于语文教育的多层次目标：一要发展学生的语言，提高学生的语文核心素养；二要充实学生的精神，提高学生的人文素养和科学精神；三要树立长远目光，为提高民族素质、传承人类文明而教。学习语文不仅要进行听说读写的基本功训练，帮助学生懂得文章所蕴含的哲理，还应该引领学生在积累、品味、感悟、运用语言的过程中激发兴趣，丰富情感世界，涵养人生性情，为其一生的可持续发展提供强大的精神动力和不竭的智力支持。

值得正视的是，当前教育评价制度还没有彻底改革，"考试指挥棒"普遍存在，语文所背负的任务仍然相当繁重，语文教师在接受人本理念的同时，潜意识中还顽固地关注着语文成绩的高低。这是阻碍语文教育健康发展的暗流浊浪，是常态下的语文课堂教学依旧"荒漠化"的病症所在。这确确实实需要教师进行深刻反省，阔斧切除，哪怕是切肤之痛，否则将无法走出"生本预约"的第一步。

二、无法预约的精彩

《人民教育》刊登的周益民老师的《无法预约的精彩》一文，描述了这样一番情景：在教学现场，学生突然对教材"发难"，学情突起"波澜"，出乎周老师的"预设"，但周老师应对有法，最终收获"精彩"。在这则案例中，教师与学生在教学过程中彼此互动，生成新的学习内容，开拓新的学习空间，教师是学生学习的辅导者、服务者，他的权威体现在与学生共同开展的学习探索活动中，学生不再是知识的被动接受者，而是实践者、研究者。教师与学生成为课程的重要组成部分，学生主动地学习教材，教师创造性地演绎教材，二者共同拓展文本内容，构筑语文教学的平台。

"课程不再只是特定知识体系的载体，而成为一种师生共同探索新知的发展过程；课程发展的过程具有开放性和灵活性，不再是完全预定的、不可更改的。"小学语文教学的"意·创"之法要求学生自觉地建立新型的、生成的语文课程意识，正确把握语文课程的价值和课程目标，妥善处理教材内容与学生经验、生活资源的关系，用新的课程理念指导教学行为。

（1）小学语文"意·创"之法要求教师自觉寻求主体意识的回归，树立"教师是课程的主体""学生也是课程的主体"的课程观念，努力创设宽松、互动、有利于自主学习与交流的氛围，为学生提供丰富的达成学习目标的资源，为学生的自主式学习提供启发式帮助。学生要努力提高内在的心理素质，树立主体意识，培养学习兴趣和良好的学习品质，不断提高自己的学习能力和认知水平。

（2）小学语文"意·创"之法要求教师有不断生成课程内容的意识，在教学互动的过程中主动捕捉生成信息，灵活运用生成信息。在教学活动中，教师与学生进行着复杂的主体性活动，教师用自己独有的文化眼光理解和演绎课程，把自己独特的人生经验与体会渗透到教学的实施过程中；学生在学习过程中也依照自我的生活经验和情景体验吸纳、建构知识体系，这样就产生了动态性的教学文本，构成了对课程资源的流动性开发。

（3）小学语文"意·创"之法要求教师有自主开发课程资源的意识，在教学过程中主动演变、拓展教材文本。在新课程的教学理念中，对"教材"的理解由狭隘走向广阔，它不仅限于作为核心知识的标准课文，还包括教师在教授行为中可利用的一切丰富多彩的素材与手段。教师对教材的处理态度已不再是传统的"教教科书"，而是现代教师应有的姿态——"用教科书教"。教师在弹性地使用教材的过程中，理所当然地成了"教学文本"的创造者。在操作过程中，教师应充分考虑学生已拥有的知识信息，通过多种手段，尽最大可能调用、整合多方位资源，为学生提供参与学习活动的第一手资料与信息，促成学习者综合能力的提高。

三、充分预设后的生成最精彩

小学语文教学的"意·创"之法关注语文课堂教学的生成性，强调"充分的预设"，即深入地解读文本，充分地了解学情，巧妙地进行设计。《人民教育》在谈到这一点时也认为：在设计教学时，教师首先要明确需要努力实现的三维目标以及实现目标的大体教学过程，然后虚拟地进入头脑中的"课堂"，将自己、学生、课程、情境等因素统统调动起来，设想可能出现的种种情境。

只有这样，在实际教学中，当这些情况出现时，自己才能把握机会，从容不迫地接纳和拥抱，并胸有成竹地将其引向"精彩"。换言之，在教学实践中，很多精彩都是充分"预设"来的。

我们也曾看到，有些教师盲目地追求课堂教学中的生成场面，没有理性地对学生的质疑或突发事件进行甄别、抉择，就匆忙抛弃原先的教学设计，引导学生展开讨论或活动，结果是光讲"生成"，学生牵着老师的鼻子走，连最基本的听说读写任务都没有完成。出现这样的情况，在于教师没有在课前进行"充分预设"，没有在预设中设想在什么样的点上进行发散，没有在实际教学中确立在什么样的点上去发散，没有思考怎样在生成中实现教师的价值引领，及时有效地实施调控等。

小学语文教学的"意·创"之法要求教师在充分预设的过程中品读文本，正确把握文本的内涵与意义是关键的第一步。一方面，要围绕教材多方面收集相关素材，要阅读教材选编课文的原著，对文本有一个较为全面的、辩证的认识。当教师能够站在深层次的高度学习文本时，就能给学生创造思考、评论、批判、反思、质疑的机会。另一方面，要对学生进行深入研究，了解学生已有的语文认知水平、语文学习的习惯与方法、语文学习的需求与能力，以及学习心理与个性差异等，从而能够在充分尊重"学生意愿"的基础上，有效地设计出学习方案，并能在实际教学中果断调整教学设计，使教学既关注知识获得，又指向能力养成、人格发展，体现语文教学的真正价值。

小学语文"意·创"之法实现课堂教学中的"生成"价值，还需要提高教师的修养。一个知识浅薄、行为肤浅的教师是不可能敏锐地捕捉到生成的信息、思维的火花，有效地调控与组织学习过程的。"人"的因素之重要，远远超过单纯的技巧与手段，只有当教师的思想深度与教学技巧水乳交融时，才有可能实现真正意义上的"预设与生成"。

第二节　精致与大气

一节经过反复打磨的语文课，往往行云流水般欢畅淋漓、缜密细致，如同一颗光滑、闪亮的珍珠，让人无时无刻不在感受着它的优美，感叹于语言文字的魅力，感叹于教师的匠心独具，也感叹于师生合作演绎的生动。

一、精致教学，促进和谐互动

《全日制义务教育语文课程标准》倡导的主导性阅读取向为感受性阅读，要求凸显学生阅读的主体地位，注重情感体验，强化阅读方法，形成良好的语感。"感受"作为教学过程中学生阅读活动的主要方式，需要教师在学生和文本之间架起"沟通"的桥梁，引导学生基于文本提供的内容与形式，展开体验与感悟，日积月累，逐步提高语文素养。

小学语文教学的"意·创"之法要求教师通过自己的"大有作为"，引导学生深入文本，直觉意会，诵读涵泳，从而受到情感熏陶，享受阅读乐趣。这样的"作为"体现在以下三个方面：

1. 研读文本精深

教师品读文本，正确把握文本的内涵与意义是精致教学的第一步。教师对于文本的解读不能停留在教参给予的内容上，而是要用儿童的眼光，带着儿童的心情去看课文，从而发现新鲜的、富有生趣的情节。

例如，在《云房子》这篇课文中，教师一般重点关注第二自然段关于云房子千姿百态的语言描述，而容易一带而过云房子消失后的语言情景。有的老师恰恰注意了这一容易忽略的地方，在教学中体现三幅场景：小鸟造云房子—小鸟玩云房子—小鸟欣赏云房子消失后的美丽天空,情感线索更为明显,且前后呼应,充分体现了用发现美的眼光去感受大自然、热爱大自然的要求。

教学的视角因为研读精深而伸展得更广阔、更深邃,学生学习文本的趣味点更多,达成教学目标的教学内容也更充实。

2. 教学预设细致

教师进行教学设计的过程,其实是一个在研读文本基础上,对教学进行预设的过程。这个过程,掂量的是教师的教学经验、思维能力、学情分析能力、设计视角等诸多个人素养,在一定程度上体现了教师的教学智慧。

小学语文教学的"意·创"之法要求教师有明确的需要努力实现的三维目标以及实现目标的大体教学过程,能虚拟地进入头脑中的"课堂",将自己、学生、文本、情境等因素统统调动起来,设想在什么样的点上进行指导,设想可能出现的种种情境,思考怎样实现教师的价值引领,及时有效地进行点拨等。

预设精准的教学目标。在把握课程目标、教学总目标的基础上,分设课时目标,并通过重难点的分析切中要点,恰当定位。

预设精巧的教学手段。例如:运用图片增强学生的直接感受;让学生选择自己喜欢的句子,随机感悟并练习朗读,教师在读中导悟;创设情境,角色体验等,强调学生在教师的巧妙设计中进入文本,进行有效的阅读实践。

预设学生可能的学习过程。主要体现在教师的评价语言上。在教学设计中,教师时常揣摩学生可能出现的情况,相应地预设评价语言与引导语言,在实际教学中发挥良好作用。

如:在教学《云房子》时,生读"也有一点点小的,小得只可以住进一只小麻雀"。

(1)指导:请你数数,这儿有几个"小"字?(三个)真小啊!指名读。

(2)指导:大点的麻雀还住不进,这小房子一定很精致、可爱!指名读。

(3)指导:你还从哪儿感觉到这房子很小?("一点点""只""一只""麻雀")指名读。

这样细致地指导学生的学习过程，收到了知其意、得其趣、悟其神、口诵心到的学习效果。

3. 情感体验细腻

阅读的过程，应该如春雨之润花、清渠之溉稻、活鱼之游泳，全身心沉浸于文本营造的语言环境中，自然而然地提升理解、感悟语言文字的能力。教师的感情应该是细腻的，善于运用情景创设、朗读指导等手段，引导学生在语言实践中产生真实的情感冲动，引发情感共鸣，培养语言感受能力。

例如，在教学《云房子》时，用小鸟们的叫声"叽叽喳喳叽叽喳喳"来引出学生对小鸟们造好云房子时快乐心情的感受，合理猜想邀请同伴前来共同游戏的语言，巧妙地为学生自主参与教学，并与文本积极对话留出足够多的时间和足够大的空间。在这样的角色参与中，学生所产生的情感体验必定是深刻的、独特的。

二、精致教学，更要追求大气

小学语文教学的"意·创"之法要求教师在精准预设教学目标和过程设计的同时，还要将一部分精力集中在教学的实际操作中，设想每一环节中学生可能的行为表现、逻辑流程以及相关反馈。精致而不机械，大方而不粗鄙，在充满生气的教学现场，获得精简的教学成效。

1. 提高课堂的调控能力

因为精致，教师设计了环环相扣的过程，预设了学生很多可能的情况。但在实际教学中，学生或者超出了教师的预测，或者达不到教师的要求，这样的状况时常出现。这时，就需要教师适时地运用恰当的方式把握机会，从容不迫地接纳和拥抱这活的资源，胸有成竹地将其引向"精彩"。

例如，有这样一个小小的细节，教师请一名学生起立朗读自己喜欢的《云房子》中的句子，这名学生选择了"有的像大冬瓜那样傻傻地横着"，一下子就朗读出了大冬瓜傻傻的样子，挺有情趣。可老师并没有关注到学生朗读的这一优点，只表扬了一句，就按照自己的教学设计呈现出一张大冬瓜的实物图片，让学生观察，谈谈为什么竖不起这只大冬瓜，从而带着全体学生一起感受"大冬瓜""傻傻地横着"的样子。虽然达成了教学目的，可那名学生朗读带来的教学资源却浪费了，师生相知的默契感觉也因此少了些。

2. 留足思维的空间和时间

评价一节课，主要看三个指标——目标的课堂、情感的课堂、思考的课堂。当前的语文课堂，观察学生在课堂上主动学习的表现，我感觉最为欠缺的是对学生思维能力的培养，主要体现在老师牵得比较多，给孩子自主思考的空间和时间远远不足。比如说，教师出示文本句子或句段的方式比较单一，一般都是教师讲一段过渡语言，然后点击电脑出现下文，很少采用提问的方式，由学生思考所得启发下文学习。

3. 关注语言表达的情趣

学生对课文语言的感受要从关注内容走向关注表达，这是当前阅读教学的热点话题，也是教师在文本中寻找语言训练点的指导思想。

例如，在《云房子》的教学中，教师抓住了让学生想象云房子的样子，自己来造一所喜欢的云房子的点来进行说话训练，应该说，这个训练点抓得非常准，但训练的效果并不理想。为什么会出现这样的情况呢？

原因其实很简单，教师始终纠结在文本提供的句式上。文本提供了"这幢云房子像（　　　）那样（　　　）"和"有（　　　）的（　　　）"两种句式，教师试图指导学生学习运用这两种句式来描绘想象中的云房子。当学生第一眼看到满天各种各样的云房子时，就着急用自己的语言表达他们的想象："我造的云房子像棒棒糖，非常美味。""我造的云房子像火箭，把我带到天上去。"这样的语言生动活泼，富有情趣。但教师心中有了文本句式，在第一个学生发言后，就要求改成"美味的棒棒糖"，以后又改成了"长长的火箭"，违背了学生学习语言的规律，学生的情绪受挫，表达就不再灵动，语言训练显得僵硬且模式。

我以为，语言表达的训练，理应顺着学生的思路来。先让学生自由想象，给出的云朵图片也应尽可能抽象。这样，一朵云可以有不同的想象，学生用他们的语言尽情表达，想象越来越丰富，心绪越来越自由。此时，教师所要做的是适时点拨，当有学生的发言切合了或者接近了文本句式时，就及时鼓励，学生自然地模仿，训练的目的也自然达成，由想象激发的情趣则可以由此达到高潮。

精致，足以给教师的专业发展打下扎实的基础。然而，大气，是教师的底气，需要教师努力丰厚文化底蕴，凭借刻苦打磨教学技艺。精致与大气，或许是一对不可避免的矛盾，然而，它们能激发冲力、张力、引力，两者汇聚碰撞，必将引领教师奋发向上，迈向教学艺术的顶峰。

第三节　开放与创新

　　语文教育是中小学教育最重要的基础工具和基础文化学科，是一门极富情感、极具个性、极易激发想象和创造思维的学科，对培养学生创新意识、创新思维具有独特的作用。我国著名教育家叶圣陶先生关于"语文学科应是开发儿童心灵的学科""教是为了不需要教"等教育思想，至今闪耀着先知的光芒，是小学语文教学"意·创"之法的理论基础。学习研究叶圣陶语文教育思想，学习叶老勇于实践、勇于变革、勇于总结的创新精神，在小学语文教育中探索实施创新教育的途径和方法，是时代赋予语文教师的使命。

一、寻找理论与实践结合点，提升创新观念

　　叶老的语文教育思想"教是为了不需要教"，深刻地揭示了教学的目的和本质，认为"教任何功课，最终目的都在于达到不需要教，对学生来说，要引导他们自己去探索、去辨析、去历练，从而获得正确的知识和能力。对教师来说，给指点、给讲说，却随时准备少指点、少讲说，最后做到不指点、不讲说"。他还精辟地分析了学生与教师、学校之间的辩证关系，指出学生自有学习的潜能，"这种能力只待培养，只待启发"。"教师对学生是极有帮助的。所谓帮助，主要不在传授知识，而在于引导学生自己去求得知识，也就是引导学生自己去发现问题，自己去解决问题。"叶老的前瞻性论述，揭示了语文教育的目的：使学生终身接受教育，不断吸取知识，主动充分地发展；充实自我，张扬个性，追求可持续发展。

　　小学语文教学的"意·创"之法要求教师转变教学观念，准确领会叶老的

"教是为了不需要教"教育思想的真正内涵。树立正确的教学观，"如扶孩子走路，虽小心扶持，而时时不忘放手也"。要树立正确的学生观，把"学生看作生活体"，是"有机的种子，本身具有萌发生长的机体"。正确认识教与学的关系，"所谓教师之主导作用，盖在善于引导启迪，使学生自奋其力，自致其知，非谓教师滔滔讲说，学生默默聆听"。

二、提倡教师创造性劳动，尝试开放式教学

叶老对达到"不需要教"的途径提出的是"引导与启发""教师之为教，不在全盘授予，而在相机诱导"。培养学生创新能力必须废除"注入式"，提倡运用启发、诱导、点拨等多种教学方式，注重教学内容与方法的创新，重视个性发展。小学语文教学"意·创"之法提倡教师的创造性劳动，用创造来教会创造，用创造力来激发创造力。引入大语文教育观，强调开放式的语文教学，充分体现教育的"自由"，使语文教学显现勃勃生机。

1. 语文活动教学

语文活动教学是在"活动"促"发展"理论指导下的一种全面的、动态的、富有效率的现代教学。在活动课程中，一系列活动高效指向教学目标，促进学生知、情、意、行协调发展。语文活动课是语文学科的重要组成部分，学生在教师的指导下，自愿参加各类语文兴趣活动，通过自主实践，发展兴趣特长，形成良好素质。叶老在他的教育生涯中反复呼吁"课内应当注目于课外""无事不足供研究，无地不足供学习"，又提出"让他们消泯学习与生活的界限，学习就是生活"等观点。小学语文"意·创"之法要求教师在挖掘活动因素、设计活动方案、创设活动情境等方面以叶老理论为指导，为学生提供丰富多彩的自主参与的活动，确立学生主体地位，使学生活泼主动地发展。

2. 语文综合教学

小学语文"意·创"之法适应科学发展分化与综合双向发展的态势，不仅着眼于语文教学的整体，体现教育诸因素的综合效果，而且关注基础教育中以语文学科为主的相关学科知识齐头并进。叶圣陶教育思想中时时闪烁着这种开拓创新的教育思想火花，"我常常有一种空想，以为学科的分开独立，不适宜

于小学教育。因为分开独立，易于忘却何所需此科；全部所习，复难得有统贯的精神，徒使学生入于偏而不全、碎屑而遗大体之途"。教师应通过创造性研究，寻找学科教学之间的联系，探索学科综合的内容、途径、方法。

三、强化学生自主性活动，探索创新型学习方式

小学语文"意·创"之法强调创新本身的自主性，教师的作用在于引导、激发学生学习兴趣，促进学生主动学习。叶老指出："从'外铄'得来的，虽言表名理，行合正谊，也不过是被动的；若是从'自觉'得来的，便灵心澈悟，即知即行。"学生学习必须处于高度自觉状态，自觉探求、自觉思考、自觉解疑、自觉训练，"争取有所发现"。

1. 讨论式

讨论是叶老阅读教学过程"预习—讨论—练习"这一模式的中心环节。讨论是老师与老师、老师与学生多通道的相互交流，会形成一种网络式的立体学习。在讨论过程中，每个人的思维都处在最活跃、最开放的状态，谁都会"用自己的心力"，全身心地投入到思想交锋中去，这时最易激活人们的神经细胞，从而产生创造性思维，产生各种新异的思想。

2. 实践式

语文是一门工具，工具要在使用中才能掌握。叶老指出："不能实践，有很多很多的指导也枉然；能够实践，甚至没有指导，也可以发现途径，就受教育的一方面来讲，应该有这样的信念。"小学语文"意·创"之法要让学生在充分的、自主的、生动的语言实践活动中学语文、用语文，从而掌握语文。

3. 整体式

叶老很早就提出"不孤立地教语文知识"的主张，提倡让学生"动天君"，自行预习，独立尝试，集体研求。这样，"足以鼓动阅读兴趣"，尤其可以训练思维能力。而逐句讲解，无法经历这些有价值的心理锻炼，无疑对培养学生的思维能力、创造精神，是一种很大的损失。叶老还提出要指导学生"读整本的书"。语文学习实际上是一种综合能力的培养，语文素养是一个人基础知识、基本技能的综合反映。而综合能力是一种创新能力，语文学习务必

从整体出发，从综合考虑。

4. 自由式

小学语文"意·创"之法要创造和谐、宽松的学习环境，让学生有充足的时间自由学习，尽量给学生选择学习内容、学习方法的自主权，尽量为学生创设自由阅读、自由表达、自由实践、自由交际的时空。自由学习是创新学习的前提。

第四节 提问与提升

语文课程改革走到今天，从强化语言文字训练到重视朗读指导，再到强调对语感的培养，语文教学走过了许多轮回。然而，无论怎样侧重，课堂的教学组织、教师的提问引导，始终是深化语文课堂教学改革的有力抓手。新的课程理念越深入，对学生主体地位认识越充分，课堂教学提问的指向性就显得越重要。

一、指向智慧的语文，促进学生思考

让学生生活在思考的世界里，应当是学生生活中最美好的事。苏霍姆林斯基曾鲜明地阐述这样一个观点："真正的学校应当是一个积极思考的王国。""学生坐在课桌后面无所事事，荒废了思考领域，是一件多么可怕的事情。"教师的责任不在于把学生的主要精力用于积极地掌握知识上，而应培养学生成为一个会思考的人。

语文，充满着智慧的光芒。作者凭借鲜活的语言文字，将睿智的思想伸展到无限广阔的领域之中，使学习语文的人能从字里行间感受事物，由表及里认识本质，在心灵上镌刻深深的感动，得到豁然开朗的效果。语文教师应该凭借个人的智慧去点燃勤学好问、渴求知识的火焰，让学生在学习的过程中体会到，学习语文是出于思考、认识、发现、理解和求知的需要，只有在读书、理解、表达、运用的过程中自觉进行思考，学习语文才能成为美好、诱人而富有趣味的事，才能在新的起点上有新的发展。

小学语文"意·创"之法讲究精心设计提问，开辟思维蹊径，促进学生深入思考。例如，在教学《爱因斯坦和小女孩》这样一篇浅显易懂的课文时，如果仅仅停留在课文内容的逐段梳理、对人物与事件的表面理解上，学习将变得浮光掠影。学生对课文的感受稍纵即逝，得益甚微。反之，通过一个大问题的设计："爱因斯坦到底是否伟大？"启发学生通读全文，注重前后联系，积极思考，展开讨论。学生不仅要发表自己的观点，还要从文章中找出"理据"，组织语言加以说明。这样学习，学生就必须对塑造人物的关键语句和精彩段落细细品味，反复接触语言文字本身，激发求知解疑的强烈愿望。最终，在教师的引领下，对"伟大与平凡"的辩证关系作出诠释，让学生在深受感染的同时留下永不磨灭的印痕，并能在今后的人生历练中逐步感悟个中道理，因而可以说是着眼于学生未来的发展。

二、指向情感的语文，促进学生体验

语文是充满情感的学科。学习语文要让学生"披文入情"，激发感情共鸣，进行有效的情感体验，与作者的心灵相感通。小学语文"意·创"之法将巧妙的提问与其他激发学生情感的手段有机结合起来。教师用准确生动的提问来紧扣课文的语言和作者的情感走向，引发学生密切思维与情感的双向活动，彼此互动，扣动心弦。

例如，提问与朗读可以巧妙结合。在教学《天鹅的故事》一文时，指导感情朗读描写老天鹅用血肉之躯第一次扑打冰面的句子到位之后，可以设计提问："那老天鹅第二次是怎样扑打冰面的？第三次呢？第四次呢？"学生思考教师的问题所得到的答案，还是写老天鹅第一次扑打冰面的那些句子。老师继续追问："同样的描写，这第二次扑打冰面与第一次有何不同？第三次又和前两次有何不同？"这一问促进了学生的思维深度，学生马上进行情景联想，想象出老天鹅在第一次扑打冰面后，身体受了伤，这第二次、第三次的扑打更艰难了。由此学生再读描写老天鹅扑打冰面的句子时，感情顿起波澜，朗声诵读时，读得更为投入，对语言的意蕴、情感、韵味感悟得更到位。提问，促使朗读成为理解课文内容的真正过程，成为理解作者思想感情后的准确表达，也成为情感升华后的有效释放。

三、指向生活的语文，促进学生务实

小学语文教学的"意·创"之法理解并落实语文课程生活化的理念，明确学生的语文素养应该是适应生活需要、与现实生活紧密相连的综合性素养，并在实际教学中不断落实生活化的语文教学，探索了不少行之有效的教学手段。语文课堂因为生活源泉的开发而越发活跃起来。

提问指向生活，是让语文生活化的一个很好途径。然而，这一点目前尚被很多教师所忽视。一提到语文教学生活化，很多教师自然而然地想到运用现代化教学媒体，通过调用大量的图片、动画、录像等教育资源，把文字所要表达的内容，诉诸多种感觉器官，唤起学生的生活经验，以达到对语言文字的理解和感悟。这样的教学方法运用恰当当然很好，却并非万能，千万不可过分依赖，否则会产生舍近求远的弊端，反而脱离了学生已有的生活经验，阻碍了学生思维的流畅。有时，运用一个小小的提问，将学生的思维角度引导到生活中去，更不失为一种简便易行的好办法。

我曾经有过这样的教训。在执教《鸟岛》第二自然段时，我设计了帮助学生理解"陆续"的教学环节，运用一段录像，指导学生通过仔细观看录像，发现鸟儿先飞来了一群，再飞来了一群，又飞来了一群，它们陆续降落到鸟岛上，从而形象地理解"陆续"这一词义。设想是可以的，但是，实际教学中学生始终没有讲明白什么叫"陆续"，最后只能由我自己讲出来。

问题出在哪里呢？利用画面帮助学生建立生活化的场景，这样理解词语的方法适合低年级学生掌握，为什么会完不成教学目标呢？分析一下，我们就会发现，教师所呈现的媒体录像没有清晰指向，丰富的画面会给低年级学生的观察带来负面影响，使得学生难以寻找到观察重点。画面中的三群鸟儿陆续飞来，并没有引起学生的注意，学生所关心的是鸟儿在做什么、鸟儿飞行的样子、鸟儿很多等信息，而忽视了对飞回先后顺序的观察。实际上，教师采用了一个烦琐的教学手段，没有想到"陆续"这个词义学生是能在生活中感受到的。教师只要提出一个生活化的问题，帮助学生联系生活实际，回忆上学时陆陆续续进教室的情景，回忆陆陆续续上公交车的情景，让学生用词说话，在运

用中意会词义，就能很快地达到教学要求。这一事例证明，学生回忆生活、理解意义、运用表达的过程，有时只需要一个小小的提问就能解决。让语文教学生活化，提问确实可以起到有效的导向作用，关键是要教师认真研究"学生的生活中有什么"，基于学生的生活经验和生活基础来进行设计。

四、指向简约的语文，促进学生求真

语文教学要简约些，这是许多语文专家针对当前小学语文教学中教学环节过于复杂、教学媒体过于花哨、教学训练过于繁复等现象提出的呼吁。"最高境界的语文教学应该能够用简单来诠释复杂，用浅显来诠释深刻。"真实的语文教学"应该是一种丰富以后的简约，博大以后的凝练，深入以后的浅出"。小学语文"意·创"之法以这种大气度、大智慧来要求教师的教学实践，对语文负责，对学生负责。

语文的简约，可以指教学思路的简明、教学设计的简化、教学过程的简单，方方面面，涉及诸多领域。其中，课堂教学中摒弃烦琐提问，是实现语文简约化的重要途径。审视当前的语文课堂教学，提问的随意、无效现象充斥其中，小问题一个接一个，还美其名曰逐步引导学生深入思考。有人曾经进行课堂观察，专门帮我们的语文教师数了数提问次数，一节课中问了56个问题。学生在教师的反复逼问下，早已不知所云，教师在烦琐的提问中，早已丢失了设定的教学目标。有的老师说，奇怪了，我的备课本上只设计了9个大问题，怎么到了课堂上，就问得这么琐碎，书读了一遍，就问"为什么"，话说了半句，就问"怎么样"，宝贵的教学时间白白浪费了。所以，拿提问质量开刀，精简提问的数量，成了追求语文简约，还原语文本真的最佳方法。

然而，简单的提问其实并不简单，它需要教师更为刻苦地钻研教材，更为全面地了解学生，也更为执着地追求语文教学的真功夫。仍然以《爱因斯坦和小女孩》一课为例，来谈谈简约提问的具体操作。

教师在设计全课时，围绕课文主旨和核心内容只设立了一个中心问题，即"爱因斯坦到底是否伟大"。围绕它，教师组织学生展开积极的思辨讨论。为了帮助学生把握课文的主要内容和主题思想，教师首先需要考虑本文必须让学生了解的基本内容是什么，那就是爱因斯坦在科学上的成就和邋遢的外貌、穿戴，这两项内容形成鲜明对比，为学生理解"伟大出自平凡"打下基础。由此，教师设计了三大教学环节：

（1）了解爱因斯坦的科学成就。

（2）了解爱因斯坦生活的不讲究。

（3）讨论中心问题。

在每个教学环节中，教师要认真研究"问什么""如何问""为什么这样问"的道理，进行有效设计，促使提问迅速指向所要解决的问题，使学生获得正确的思维方向，达成教学目标。

如，环节一时应该问："你了解到爱因斯坦取得过哪些伟大的科学成就？"让学生通过自由漫谈，增进对爱因斯坦的认识，激发崇敬之情。环节二时应该问："课文中有哪些句子具体描写了爱因斯坦的外貌与穿戴？读一读，谈谈他留给你的印象是什么？"环节三时，则要在学生回答的基础上，相机点拨，问题应视学生讨论的具体情况而定，随机应变，形散而神不散。这样设计，提问少而精，能集中学生注意力，各个击破关键内容，层层落实教学目标。

庖丁解牛，游刃有余。课堂提问，是小学语文教学"意·创"之法的最基本手段，它似乎再简单不过，却又那么难以把握。教师要出神入化地掌握使用它，必然依赖于教师对语文的由衷热爱、对学生的深入发现，以及对自身的严格要求和对艺术的无限追求。

第五节　听说与读写

我们的语文课程是不是在培养一种与文学无缘的阅读能力？一直以来，一线语文教师极少思考这个问题。只有当学生捧起一篇文章，不会或者不能用心、用情、用法去感受触摸它时，我们才发觉语文教学中关于听说读写的训练太不尽如人意。教师从何处入手培养学生怎样的阅读能力？这是一个涉及听说读写取向的问题，值得关注并加以推敲。

一、听说读写的知识技能取向

听说读写既是一种知识，又是一种技能，它不可能脱离内容存在，内容的构成是技能与知识的载体。因此，小学语文教学的"意·创"之法既要关注内容，帮助学生读懂内容，又要借助内容，让学生了解知识、感悟窍门、训练技能，这是教师进行文本解读和教学设计的一个重要出发点。

以《虎门销烟》的内容讲解为例，说说如何在关注内容的同时，巧妙将学生的视线引向对听说读写的知识与技能点的关注。

课文在描写虎门销烟的过程中，运用了多处场面描写。第二自然段最为具体：

这一天，天气晴朗，碧海、蓝天、绿树，把古老的虎门寨装点得分外壮丽。一大早从各地闻讯赶来的男男女女、老老少少，把宽阔的海滩挤得水泄不通。新搭起的礼台上彩旗林立；礼台下，一侧是身着朝服的文武官员，另一侧是应邀前来观看的外国商人。

帮助四年级学生关注这一段写了什么内容，读通读懂这些内容是教学的基本目标。

然而，基于传授听说读写知识与技能的阅读角度，就不能仅仅停留在关注"写了什么"上。于是，必然要有教师的系列"自选"动作：

首先，通过简笔画的方式，弄清文本描述的内容的摆布，通过朗读，感受"碧海、蓝天、绿树、虎门寨"这一壮观场面，场面上各色身份的人群又增添了庄重宏大的气氛。在弄懂具体内容之际，教师点拨"场面描写"这一知识点，概念初现。

接着，就是概念的巩固。让学生在描述虎门销烟的具体过程中，寻找有关场面描写的具体语句。学生在讨论交流中，自主发现"这时候，礼炮轰鸣，群情沸腾"是销烟开始时的场面描写，"看到害人的鸦片被销毁了，成千上万的老百姓激动得跳哇，叫哇，欢呼声响彻虎门上空"则是销烟后的场面描写。

最后，学生将三处场面描写连起来朗读，就能清晰地感悟出场面描写对描述活动情景的作用。

在这一教学设计中，教师设定了"学习场面描写"的听说读写目标。在落实过程中，设计了引导学生关注场面的诱导性线路，精心准备的不多提问都将"点位"落在了感知知识概念的显性内容与隐形作用上。课后，如果能结合学校集体活动，仿写活动场面，读写结合，迁移运用，就能有效提高学生运用语言文字的技能。

二、听说读写的儿童立场取向

儿童的阅读，受限于他们的生活经验、知识经验、阅读能力，但同样也符合他们这一年龄阶段的心智发展。用儿童的方式阅读，会发现有许多地方是学生不能理解的，这些地方也许很不起眼，也许会被忽略，更有可能是他们从来没有想到过的阅读的角度。于是，教师的作用就要再次显示出来，告诉学生他们不知道的，提示他们不注意的，点拨他们难以理解的。

所以说，"学生以何种方式阅读，是被我们的阅读教学所'构造'的，很大程度上取决于语文教师的阅读方式，尤其是语文教师在教学中所体现的阅读方式"。

换言之，语文教师用儿童的阅读方式阅读，就能"构造"出适合儿童的阅读，也就能"构造"出适合学生的、提高听说读写能力的阅读。

还是以《虎门销烟》一文为例，谈谈基于儿童取向的听说读写如何进行。

文中描写销毁鸦片的具体场景有两段，分别是：

第三自然段：只见一群群光着脊梁、赤着双脚的民工，先向灌了水的销烟池里撒下盐巴，再把收缴来的鸦片抛入池内，然后又把一担担生石灰倒下去。顿时，销烟池里像开了锅一样，"咕嘟咕嘟"直冒泡，散发出股股难闻的气味。

第五自然段：销烟整整持续了23天，二百多万斤鸦片化为烟渣，随着潮水卷进了咆哮的大海之中。

站在儿童的角度去阅读这段话，很快会发现，学生对整个销烟的程序是存在疑问的："为什么要用盐巴和生石灰？""鸦片烟渣是怎样卷进咆哮的大海的？"等等。

所以，在教学时，首先要解决学生的疑问。

解疑的方法其实很简单，画个销烟池的简易结构图，说一说销烟的化学原理，学生很快就明白了。这就是所谓的"先解开船的缆绳再摇船"的做法。

解开学生疑虑的缆绳后，听说读写的"小船"开起来就顺溜多了。

找出销烟所需要的主要材料：水、盐巴和生石灰。接着，引导学生关注动词的准确性，画出一张销毁鸦片的示意图：

灌水→撒盐巴→抛鸦片→倒生石灰

此时此刻，教师引导学生关注一系列动词的效用才真正被学生所感悟。教师以儿童阅读的特定方式，将一种关注听说读写任务的意识传达给学生，从而引导学生以关注语言文字表达的"特殊"阅读来获取阅读"成长"。

三、听说读写的文化意识取向

影响教学设计的一个重要因素就是语文教学承载的传播中华传统文化与思想道德正能量的意识形态和目标。美国语言教育家C.Kramsch认为："话语是意义的载体和反映，它具有表达双重声音的作用，既表达说话者的个人思想和意向，又代表说话人所属语言群体的期望。两者形影不离，相互依存。"

从文化的角度来审视听说读写的目标与策略问题，可以更好地帮助我们去掌握遣词造句在人文、社会情景中的调适作用。小学语文"意·创"之法要求教师解剖作者的思路，揣摩作者的语言表述方式，乃至对谋篇布局的整体把握，无一例外地要将文化意识渗透其中，语言训练与价值认可同行。也正因为如此，着眼于中心思想、道德情感的"篇章"整体训练，更要预防获取语言文字信息失之偏颇的症状。听说读写不能模式化、定型化，乃至于僵化。

以《爱之链》一文为例。从题目就能感受出文章的题旨，行文更是以出乎意料的情节凸显人与人之间关爱的巨大作用。然而，如果我们仅仅以贴标签式的分析来学习文本，会让听说读写的功效大打折扣，另教学黯然失色。

申小龙在《语文的阐释——中国语文传统的现代意义》中提及用"置身于题旨情境中的理解方略"和"涵泳于整体联系的情境原则"的方式来自觉运用文化意识进行深入思考和阅读。于是我们能够很快发现有很多涉及"揣摩谋篇"的着力点，提示学生在阅读中注意。

比如，围绕题旨"爱"，可以谋划出文本行进的脉络。"乔依帮助老妇人，老妇人资助女店主，女店主与乔伊互相鼓励、互相扶持"的小说线索跃然纸上。而后，从交代小说人物的社会背景入手，关注小说环境描写与恰当交代的语段，让学生读懂小说主人公的言行举止与相关描写都是前后联系，并与主题丝丝紧扣的。这样的教学结果，达到了联系社会文化因素去动态揭示语言个性与表达的学习效果，具体与抽象相结合。

四、听说读写的元认知取向

学生在阅读活动中存在着"为了记忆"和"为了理解意义"的元认知活动。这种对阅读知识进行认知、调节、控制、运用的能力，需要在长期有效的阅读活动中逐步发展起来。

在运用小学语文"意·创"之法时，要逐步告知学生选择和学习主要概念的方法，使学生学会辨认和记忆篇章的基本组织特点和其中的重点，提高学生恰当提取线索的能力。更重要的是，随着思维能力的发展，在阅读活动中，提高自我提问、掌握规律、监控理解的评价技能。

例如，小学教材中选编了不少民间传说故事，情节生动，小学生一般都能够记忆这些故事的主要情节。然而，他们很难按照题旨去评价关键情节，并从中寻找重要细节感悟故事的精华。如果每一次都是这样的匆匆掠过，那么很多篇故事阅读过了，需要学生借助这一类阅读材料来提高的思维能力却没有见长。

小学语文"意·创"之法要求教师在设计听说读写训练时，通过自觉、系统的实践，根据学生阅读思维的发展特点，有效设置任务、情境和步骤，让学生能够意识到目前的阅读活动中需要发现什么问题和采取怎样的解决行动，获得试图解决问题的积极心理和活动策略。

以《嫦娥奔月》为例，说说如何运用"理清内在结构——记忆重要情节——关注故事细节"的学习步骤，形成典型的学习情景，引导学生思维活动，提升学生阅读技能。

首先，引导学生学习主要概念，弄清文本撰写的"后羿射日、嫦娥奔月、中秋佳节"三个故事的由来。接着，引导学生关注这三个故事之间的联系，教学生弄清三者关系并知道故事详略，把握篇章的内在结构。这样做就是让学生知道哪些是他们已经知道的，哪些是可以忽略的，哪些是不知道但很重要的，思维流转的过程恰是提取信息策略的学习。最后，将目力集中于主要故事"嫦娥奔月"的重要情节，关注细节描写，经过师生对故事细节的充实，记忆和理解传说故事的精确性得以提高，学生对其自身思维活动中的理解监控能力也有了稍许发展。

总之，小学语文"意·创"之法中的听说读写的取向问题，说到底是由语文课程的总取向决定的。语文课程指向培养怎样的语文能力，听说读写就指向培养怎样的语文能力！

第六节　精读与拓展

虽然语文学科担负着很多学习任务，但蕴含着丰富祖国文化底蕴的语文，应该更有其独特的韵味。

目前，有人说："语文学科教学所特有的'味道'越来越淡了。"这样的苗头确实存在，不能不引起广大语文教师的注意与思考。小学语文教学的"意·创"之法应该从语文学习的固有特点和本质规律出发，全身心投入，引导学生真正体验语文文化的魅力，体会学习语文的乐趣，上出语文课的真意"味"来。

一、精读在于钻研

特级教师李吉林曾经这样说过："教师情真，才能以情动情；教师心热，才能点燃智慧的火花；教师意远，才能在学生的面前开拓其思路。"小学语文"意·创"之法要进行丰富多彩、个性化、特色化的具体实践，就要从自身的钻研做起，热爱语文，浸润其中。

小学语文教学"意·创"之法要求教师站在深层次的高度深入钻研和学习文本，以教师特殊的"职业眼光"挖掘出教材中宝贵的因素，使学生对文本从情感到知识都能有深入的感知、理解和把握。

首先，要准确定位教学目标。教学目标乃是教学的灵魂，没有教学灵魂，再好的教学设计也是盲目的，一不小心就会走上形式的热闹。教师在进行教学设计时，必须非常注重对教学目标的准确定位，教学设计紧密围绕教学目标的达成，不花哨，实实在在地达到语言学习的目的。

其次，要透彻解读教材文本。比如，在执教《世界多美呀》这篇一年级的课文时，有一位教师设计了比较句子、比较图片颜色、句式拓展等练习，帮助学生理解课文中出现的叠词"蓝湛湛、绿茵茵、碧澄澄"的意思。应该说，这些练习设计非常有效，但一股脑地挤在一个自然段中训练，显得机械且杂乱无章。

我通过对教材的钻研，将教材理解到这样的深度："小鸡三次看世界，每一次看世界都要经过自己的努力，这样看到的世界才会越来越广阔、越来越精彩。教师要引领学生体会，来到这个美丽的世界上，自由地欣赏这样美丽的世界是需要付出努力的。这就像孩子长大的过程一样，只有最终走进知识的海洋，掌握学习的本领，自由地学习，才能体会到更多的人生乐趣。"

当然，教师未必要将这样的意思明确告诉学生，但是，要有这样理解教材文本的深度，要有这样设计教学环节的高度。只有这样，才能真正达到点燃学生智慧、激发学生体悟的语文学习目标。我重新调整了这位教师的教学设计顺序，让同样的这几项训练，在教师的精心安排和语言点拨下，取得了很不一般的效果。

二、精读在于品味

小学语文"意·创"之法要善于发掘文本的精彩之处，寻找能有效引领学生研读课文的"点"进行深化。如，教材的言外之意蕴含丰富处、感慨抒发强烈浓郁处、表达描写突破常规处、遣词造句准确精妙处、出自省略开展想象处等，这些地方都值得教师好好钻研，好好点拨。

1. "咬文嚼字"

要引导学生对文章的标点、字词、句子或段落进行揣摩、比较、推敲，使学生能确确实实感悟到语言的精妙，洞察到语言的精髓，把握到语言的理趣，获得语言的实践。

我在执教《雾凇》一课时，将扎实进行语言训练的教学思想充分体现出来了。课文第一自然段描写了松花江畔十里长堤上的雾凇美景，虽然只有短短的一句话，几十个字，但我没有一读而过，而是做到了词词落实，调用了事物类比、图片展示、音乐渲染、词语比较、想象发散等多种教学手段，对"洁白晶莹、银光闪烁、霜花、缀满了枝头、十里长堤"这些词语进行咀嚼、深入揣摩，引导学生真诚投入，心、眼、口、耳并用，使学生各种心理因素进入活跃状态，逐步做到"与作者的心灵相感通"，进入语言文字所营造的特定情境中去。这时，再进行有感情朗读，让学生准确安排停顿、处理重音、调控速度、把握语调，把研读过的部分朗声诵读出来，使学生沉醉其中，感悟语言的意蕴、情感、韵味。

2."披文入情"

引导学生进行情感体验，是进行语文文字学习的一大法宝。小学语文"意·创"之法要求教师善于在恰当的时机，巧妙运用音响、图片、动画、录像等各种教育资源，把文字所要表达的内容，诉诸多种感觉器官；善于运用表演、分角色朗读的教学手段，唤起学生的表现欲望，引导学生步步深入，感受"情境即在眼前"，体验到"我即在情境中"，与角色同喜同忧。

例如，在《小露珠》一课中，有一段蝴蝶、青蛙、蟋蟀与小露珠打招呼的对话，教师一般都采用分角色朗读表演的方法学习这一段。在教学中，我故意将惯常使用的戴头饰的手段放在最后使用，让学生在自由练习读好赞美别人的语言，从而进入情境之后，再戴上头饰表演，生动地再现小动物们与小露珠友好交谈的美好情景，不经意间熏陶了学生的情操。

3."细致入微"

"细节决定成败"是目前社会上比较流行的至理名言，它同样适用于教育教学工作。在语文学习中，字里行间所蕴含的细致内容，教学过程所生成的细微变化，师生互动所产生的细节情景，需要教师以睿智、敏感的心灵去捕捉，以认真、高超的教学技巧去处理，引领学生体验祖国语言文字的韵味。

我在教学《放飞蜻蜓》时，对课文中的对话提示语"孩子们七嘴八舌地抢着说"有着精巧的处理，我让学生先讨论这段对话应该请几个孩子读，从而弄懂"七嘴八舌"的意思，然后让学生分角色读，在读中产生问题，从而引导学生关注"抢着说"这一提示语，提示大家应该读得快一点，甚至可以一起读不同的说话内容，由此巧妙地将"关注对话提示语、学习对话朗读"的方法传授给学生。

在教学"阳光下，蜻蜓的眼睛一闪一闪的，尾巴一撅一撅的"这句时，我没有简单地让学生说一说、读一读，而是和学生一起认真观察蜻蜓的样子。当学生马马虎虎地说"我看见蜻蜓的眼睛一闪一闪的，尾巴一撅一撅的"时，我就要求学生仔细观察蜻蜓图片，把自己真正看到的讲出来，而不是随口讲书上的句子。于是学生发现"蜻蜓的眼睛又圆又大，尾巴又细又长"。

这时，我才让学生读书上写蜻蜓的句子，并且与自己观察、描述的内容进行比较，体会出课文语言的精妙，体会出此种写法的作用——能写出蜻蜓的活泼可爱，能体现作者对蜻蜓的喜爱。这样的教学，着眼在细微之处，处理方法圆润、细腻、精到，值得回味。

三、精读在于拓展

"授之以鱼，不如授之以渔。"在倡导自主、合作、探究的学习方式形势下，小学语文"意·创"之法力求能根据学生的身心发展和语文学习的特点进行教学，使学生获得持久的学习动力、良好的学习态度、较强的学习能力、有效的学习策略，达到愿学、乐学、会学、善学的学习境界。

1. 教学设计点子求新

小学语文"意·创"之法重视创新设计，以耳目一新的教学点子吸引学生的注意力，激发学生的学习兴趣，有效解决教学的重难点。

例如，在教杜甫的名诗《春夜喜雨》时，恰逢农历二月春雨绵绵，我便将课堂搬到了春雨中，带领学生寻找春雨、感受春雨、发现春雨，使学生的每一双眼睛因为发现变得闪亮，每一张小脸因为觉悟变得快乐，混沌的心灵因为生活的充实而豁然开朗。

在教学《放飞蜻蜓》中介绍蜻蜓眼睛的句子时，为了让学生准确了解蜻蜓"复眼"的知识，真正读懂写蜻蜓眼睛的句子，我从众多图片中筛选了四张蜻蜓眼睛逐一放大的照片，让学生连续观察。学生在惊讶、好奇之中，情不自禁地用上了"数不清、无数、数不胜数、密密麻麻、成千上万、难以计数"等词语来形容蜻蜓的小眼睛，达到了对蜻蜓眼睛和课文句子的彻底理解，教学出奇制胜。

2. 综合实践求实

小学语文"意·创"之法以学生的语文学习为线索，统筹安排语文教学内容，创设各种语文学习的情境，主动引导学生接受外界信息，多渠道、多形式地开展语文综合学习活动。

例如，在教学《雾凇》时，我通过钻研文本，了解学生的学习基础，分析学生在学习时可能会遇到以下困难：一是学生不了解雾凇这种自然现象是如何形成的，而本课的教学目标中要求学生了解吉林雾凇奇观形成的原因；二是学生没有亲身去过北方，也没有亲眼见过雾凇，对语言文字所描绘的雾凇奇观，缺乏生活经验的积累，这对学生理解语言文字、品味语言文字、内化语言文字会产生一定的困难。

为了切实落实教学目标，解决重点与难点，我在第一教时教学以后，要求学生通过网络搜集有关雾凇的课外资料，结合综合实践活动课，开展"了解雾凇"的活动。当第二教时教学进行后，我又将这一研究活动推向深入，向学生布置了第二阶段的活动主题：关注最近松花江水被污染的事件，提出研究问题——今年吉林雾凇的美丽身影会再次出现吗？这样做，体现了大语文的教育思想，让语文学习与时事结合，使语文学习走出课本，接纳更丰富的信息资源，走向更广阔的学习空间。

3. 创新活动求新

语言在吸纳积累的同时，必然需要通过运用输出，只有这样才能达到对语言文字的真正把握。小学语文"意·创"之法依据学生善于模仿借鉴的学习特点，引导他们进行创新活动。凡课文里值得学生在写作中借鉴的地方，都相机给予指点，引导学生学习、借鉴、创新，培养学生举一反三、触类旁通的能力，让学生在全新的创造活动中，体验学习语文的成功，感受学习语文的乐趣。

即使是在一年级语文教学中，也要敢于大胆尝试。例如，我在教学一年级汉语拼音YW的语境图时，发现课文所配写的语境歌"老乌鸦，叫嘎嘎，捉条虫子喂娃娃。秋风起，天气凉，妈妈为我做衣裳"的用词不能体现对母爱的尊重，于是我在指导看图、理解图意之后，大胆让小朋友来改儿歌，要求改出对乌鸦妈妈的喜欢和感激之情。

一番交流之后，一年级小朋友把语境歌改成："乌鸦妈妈叫嘎嘎，捉条虫子喂娃娃。秋风起，天气凉，妈妈为我添衣裳。"虽然和仄押韵有所欠缺，但是，一个"乌鸦妈妈"的称呼和一个"添"字的改动，反映了学生的亲情觉醒，是学生生命成长过程中对母亲关怀的感动。把握教材，及时点拨启发，使语文人文教育的特性色彩发射光芒。这一改改得真好。

又如，我在一年级的语文阅读教学中，大胆指导学生学写儿歌，学做小诗人。根据学习的课文，写与课文相关内容的儿歌。如学《秋姑娘的信》时，我和学生一起捡拾秋叶，动手制作树叶贴画，配上学生自己写的《秋叶宝宝》儿歌，语文学习充满童真和情趣；学《春笋》课文，动手剥春笋，写出《春笋》儿歌；学《雨点》时，一起倾听雨点的欢乐声音，大家一起写《雨点》儿歌。短短半年时间，一年级学生就写出了《伞的联想》《奶奶的爱》《大树和小鸟》《我写字》等十来首儿歌，这些儿歌闪动着丰富的想象力和纯真童趣，体现了孩子对美好生活的发现与憧憬。

第七节 迁移与运用

小学阶段从三年级正式进入作文教学，教学起步才几个月，学生怕写作文的表现就十分明显。小学的作文教学到底出了什么问题？我以为，作文教学存在的问题很多，说到底，是我们的作文教学从一开始就忽视了学生写作的内在需要，扼杀了学生的写作兴趣，仅仅把作文看成一项技能而进行长期机械训练。小学语文教学"意·创"之法一定要研究学生的写作心理，从兴趣激发入手，培养作文动机。

一、积极唤醒动机，让作文成为学生生命成长的需要

学习是心灵的正向转换，内心深处对学习目标、学习内容的渴望、期待，能促进学生以积极的状态应对面临和即将面临的学习任务。然而，我们的教育常常忽视这一点，喜欢用负面的语言、行动影响学生的思维取向。例如，教师和家长常常教育低年级的学生："你们就要进入三年级了，马上要学写作文，作文是很难的，你们从现在开始就要好好学习，多看些书，为写好作文打基础！"这样的话语，从表面上看，是要引起学生对作文的重视，但事实的结果是无形中造成了学生对作文的惧怕心理。当作文教学进入起步阶段后，一方面，学生实际遇到了写作困难；另一方面，由于之前的暗示，"我不会写作文""我写不好作文""写作文真难，我学不会"等，不利于学生学习写作的思想、心理自然而然产生，并被不断强化。

之所以出现这样的负面引导，究其原因，还是陈旧的教育观、学生观在作祟。长期以来，教育漠视学生的生命需求、精神发育、情感发展，把学生看成

接受知识的容器、技能训练的机器，为分数而战，疯狂地将所有的学习活动简单化到"应试"这一命题上来，残酷地将包含着生命情趣、美好感受的学习活动荒漠化、功利化，带着机械训练与应试特征的作文教学自然逃脱不了"学生厌学、教师怕教"的宿命，种种问题的出现不足为奇。

写作是技巧，写作是能力，写作是技能，写作更是一种人生素养，一种精神交往与情感交流的高级享受。作文教学，要激发学生生命内部对发展作文能力的渴求，让学生懂得，作文是生活的需要，能提高生活质量，生活因为想象的美化、文字的描述而更有色彩与乐趣；作文是内心表达的需要，在成长过程中，每个人都会拥有独特的人生体验，将这份感受以文字的方式表达出来，能促进自己思考成长经历，提升思想的深度；作文是朋友交流的需要，生活中，学习中，以文会友，情调高雅，志趣相投，情意交融。作文，可以告诉，随着飞扬的文字，倾吐内心最真实的感受；作文，可以满足，洋溢青春的激情，充满自信，为自己今后的发展打造坚实的基石；作文，可以成就，使你学会克服困难，获得佳绩，得到他人的关注与欣赏。作文，是世界上美好事物的一部分，是学生心灵开拓与精神发育必不可少的阶梯，更是实施素质教育的强有力武器。

1. 以期待的心情引导学生

小学语文"意·创"之法运用期望策略，激发学生在现有能力与努力的基础上走向成功的信心，让学生坚信写好作文有很大可能性，有自我实现的意愿。我曾经用这样的话语引导我的学生："孩子们，进入三年级后，我们将要学习一个新的本领——写作文。这个本领可有用了，学会它，我们将会成长为一个既会用嘴说话，又会用笔说话的人。"这样说，进行的是目标意识的教育，有对未来价值的期待。

小学语文"意·创"之法正视学生存在的作文困难和学习差异，以积极的心态鼓励大家一起努力。我不止一次地给学生鼓劲："我们一起给自己加油吧，写作文不难，虽然会遇到困难，但是没有关系。大家想，我们刚刚出生时不会说话，但在爸爸妈妈的帮助下，我们说话的本领不是很快就学会了吗？现在学习作文，就是学习第二次说话，只要一起努力，我们会获得令自己满意的成果的。"在教师的这些鼓励性话语中，学生对未来可能取得成功的信心倍增，要求自我实现、自我提高的内驱力不断增强，期待学好作文的行为指向更明确了。

2. 以快乐的情绪引导学生

使学生懂得"追求卓越并不意味着不允许存在不足"，要学会"自我感觉良好"，学生既要相信自己能取得成功，也要懂得取得成功是一个漫长、曲折的过程，付出努力，可以获得一定进步，每一个小进步，都应该感到快乐。快乐的情绪体验能保证学生对自己努力的结果生出"安全感"，这种"安全感"会激发和维持学生进一步学好作文的动机，使学生的学习动机始终保持在高水平状态。

小学语文教学的"意·创"之法要求教师想方设法地让学生体会作文的快乐，评讲作文，朗读作文，展示作文，发表作文，无论水平高低，都强化学生每次习作行为后的成功感和自豪感。我曾经随机在班里挑选五六篇作文，要求学生自己修改打印后展示在"学习园地"上，随机抽取的作文中包含着作文水平极其一般的文章。记得有一个学生激动地对我说："老师，我的作文很好吗？为什么这一次没有选到××？难道这一次我写得比她还好？"我没有正面回答，事实结果告诉我，所有的学生都认真修改了作文，并精心设计了版面，成功的感觉和快乐的情绪使得这些学生一下子提高了作文的兴趣，作文的态度与成效突飞猛进。

3. 以享受的感觉引导学生

既然我们把作文定义为学生用笔说话的内在需求，那么，交流、分享作文的感觉，就应该成为这种需求的源动力。对每一个学生来说，每一次写作都会伴随着丰富的心理体验，可能是神采飞扬、心情舒畅，也可能是绞尽脑汁、辗转焦虑，将这些切身体会真切地再现出来，就可以有效地提高学生的自我意识，用"自尊、自爱、自信"来维护学习的高强度动机，从而把成功归因于自己的努力，产生继续努力的后继愿望。

在教学中，我们可以享受一篇完美作品的魅力，也可以享受只字片言的感动，我们可以享受与众不同的创意，也可以享受平淡无奇所带来的宁静感觉，作文时的愿望、热情、才能、努力、进步都可以成为集体享受的资源。我曾经将自己作文的体验告诉学生，让学生知道老师和大家一样拥有丰富的感觉，也告诉学生老师因为写作获得了哪些成功，并将自己发表在报刊上的文章读给学生听，和大家一起分享成功的愉悦。我也让学生来交流自己的作文体会，让学生自由朗读自己写的作文，在娓娓动听的朗读声中一起陶醉。每学期，我要求学生筛选自己满意的作文，集结成册，细心体会自己的进步，感受能力的提高，预言今后的成功。享受，真正促进了学生自我效能感的提高。

二、打造自由空间，让学生在体验中学习写作

作文是自由自觉的活动，叶圣陶在《文言的讲解》一文中指出："学生对一双宽舒的鞋是多么羡慕啊！对于自由自在的思想是多么向往呀！对于写出自己经验范围内的一切是多么有兴致呀！我们以为应该完全让他们如愿。"《语文课程标准》要求教师"为学生的自主写作提供有利条件和广阔空间，减少对学生写作的束缚，鼓励自由表达和有创意的表达"。从教育的本真意义上来说，作文可以唤醒学生的自由意识，引导学生借助作文这一手段去创造、体现与验证人的自由本质。小学语文教学的"意·创"之法要帮助学生打破思维定式，以自由的心态能动地观察世界、摄取营养、充实生活，写出富有生命力的属于自己的作文。

1. 简化意识

教育心理学告诉我们，让学生在低冒险的情境中，或者在切合实际的情境中练习技能，往往能取得良好的学习效果。教师要勇于改变传统的作文教学方式，大胆摒弃那些目的功利、程序复杂、训练机械的作文教学方法，定格教"作文兴趣"这一简单的目的，关注学生能够解决的、感兴趣的话题，使学生能够基本控制自己的作文行为，不断产生改进作文、提高写作水平的动力。

（1）教学要求适度降低，要根据学生的年龄特点和实际作文水平合理分解要求。目前，作文教学中存在"一刀切"的现象，不管学生正处于哪个年段，作文教学一上手就是句、段、篇的全方位要求，结果不仅顾此失彼，还使得学生因为一时无法达到教师设定的过高目标而望而却步。

教师可以设计过"三关"，一过句子关，从单句到复句，逐步做到规范、上档次，这也是低年级的语文教学要求。二过段落关，通过阅读积累、模仿迁移、片段素描训练等手段完成将段落写准确、写具体的要求。三才是篇章关，不同学生进入这一关的时间可能会有先后，也不可以"一刀切"。

（2）教学方法要简化，教学程序力求简单。现在有些教师很热衷于设计复杂的教学过程，一节作文课，搞一大堆的作文活动，或者讲解一大堆的写作方法，大量挤占了学生写文实践的时间。我曾经听过一节《吹泡泡》的作文指导课，教师和学生一起体验吹泡泡的过程就花费了大半节课的时间，学生只有一丁点当场写作的时间，再写时，只能占用课余时间了。

教师要从简化这一概念入手，思考如何节约时间，还学生写作的自由。例如，作文课的导入谈话应该简单，尽可能地让学生有话可说，提问面要广泛，以引起同感。特级教师薛法根在上作文课《我最爱——》时，导入部分提了几个最简单的问题：我最爱什么？我最爱听的一句话是什么？我最不爱听的一句话是什么？几乎人人都有话可说，起到了拓展思路、激发兴趣的引导效果。又如，采用口述范文的方法引入作文正题，将作文要求和作文方法隐含其中，让学生在认真倾听之后思考作文好在哪里，发现作文规律，也不失为一种简便易行的好教学法。

（3）作文评价要求要适度降低。学生拥有一整套有别于成人语言系统的儿童话语系统，他们的说话不一定有意义，但有时很有意思，有幽默感，也许仅仅是一个小小的笑话，却非常富有创造力。所以，教师对学生作文的评价，要求不能太高，"啰唆一点也许很正常"，允许学生犯这样或者那样的错误，关键看有没有创造，是否真实。一个"优秀"，一段"密圈"，一句"鼓励"，都会及时提供给学生满意的信息反馈，促进学生学习动机的强化。相反，过分的"打压"是要付出学生"厌恶作文"的代价的。

2. 真话意识

学生自由写作，并不是允许他们胡思乱想之后来一番"胡言乱语"。"心有所思，情有所感"而后才能作文，这所思所感必须是切合实际的认识、符合逻辑的思想、自然真切的感受。小学作文教学要培养学生运用语言文字表达真情实感的能力，一要做到文有真意，既要思想感情真实，能表达自己的认识、个人的情感，又要材料真实，作文内容"必须是他们所积蓄的，只要真是他们所积蓄，从胸中拿出来的，虽与他人所作大同小异或不谋而合，一样可取"（叶圣陶语）。二要文求朴实，思想是实实在在的，感情是真真切切的，用通顺连贯的语言表达出来，不罗列华丽词句，不追求文字技巧，不说浮游无着的话，不写谬误横生的错别字，把想写的写清楚，准确无误地表情达意。

小学语文"意·创"之法要求教师从端正作文态度入手，教育学生认真对待写作，把作文看成是"极平常的"但是极需认真的事情。遇到一件事情要了解清楚，面对一个道理要明白透彻，遇到一个意思要思索周到，体会一种感情要感受真切，在此基础上，自己有了什么就写什么。写的过程要多思、反复念，竭尽自己能力把它写出来。这些要求教师要经常与学生讲解，也要在平时的作文交流中时时提及，运用多种手段纠正出现的不良苗头，落实于细小处，润物无声。

3. 生活意识

小学语文"意·创"之法要响应"让作文回到学生生活中去"的口号。学生的主体活动是学生生活，生活范围、生活能力、生活质量等都影响着学生作文能力的培养。教师要用儿童的眼光看待学生的生活，了解学生的乐趣所在，了解学生熟悉的材料所在。只有这样，才能获取准确的作文信息，了解哪些是脱离学生生活的事，学生不会写，哪些是成人化的东西，学生不能写，从而提高自己指导、评价学生作文的能力，避免学生无话说的现象。

学生要用陌生的眼光观察自己的生活，学习把熟悉的事物当作陌生事物看待的本领，练就一双"慧眼"，努力探索陌生的新天地。教师要帮助学生经常运用变换角度、改变方法、重新审视的方法观察已经熟悉的事物，力求捕捉更多新的有效信息，体察更多新感受。

源于生活的作文题材可以有效触发学生的生活积累，引爆学生的思维。叶圣陶在《写作杂话》中指出："我们要把生活与作文结合起来，多多练习，作自己要作的题目。"教师要引导学生拓宽视野，丰富生活，使作文题材多样化、自由化。作文题材，可以来自学生丰富多彩的生活，也可以来自大脑奇异瑰丽的幻想；可以学什么写什么，做什么写什么，也可以看什么写什么，遇什么写什么。在大千世界中择取作文材料，如同在海滩上捡拾美丽的贝壳，充满乐趣，而每次成功的表达，都能获得创造的快乐。

三、引入变化机制，让学生在个性张扬中爱写作文

学生具有共同的年龄特点，如对周围事物充满好奇、有新鲜感、形象思维占主导、想象力丰富、求上进、好表现等，这些心理特质可以有效地被作文教学利用，形成作文教学规律。当前，有一部分教师抓住了这些规律，设计了不少富有个性特点的创造性活动，让学生在实践中体会作文乐趣，切实提高了作文教学效率，如薛法根老师创造了"循环作文"之法，管建刚老师建立了《班级作文周报》的运作机制，让作文这一语言实践活动留给了学生尽可能多的思维空间与展示能力的机会。但这些成功的做法在一定范围内加以推广后，并没有促使大多数学习经验的教师改变自身作文教学的现状，问题出在哪儿呢？

教育心理学告诉我们，单调的刺激会降低学生对事物的注意力和好奇心，学生对一件事物的长期关注，不仅应该被激起，而且要维持，新鲜事物虽然容易激发学生的注意力，但要成为长期的内驱力，激发学生更深层次的探究兴趣，就必然要顾及"变化"这一认知规律。小学语文"意·创"之法实施的每一项作文活动，都要照顾到学生的"好奇疲劳"，除了坚持之外，还要研究学生的学习动机类型，想方设法通过对作文过程的变化性调控，唤醒学生的成就动机，进一步为教学所用。

1. 共同愿景策略

学生在作文方面获得的成就感不仅可以指向个人，还可以指向集体。有研究表明，在一个学习型班集体中，团队创设的共同努力方向可以凝聚成员的意志力，为学习提供"焦点"和"能量"，促发个人为之奋斗，获得力求完美的推动力量。教师在作文教学中，可以和学生一起建立一个高远的作文目标，设计合适的学习要求，促使每一个学生持有"写好作文"的共同愿望，加强沟通，真诚地分享集体进步的喜悦。

共同愿景策略的实施，使得作文教学跳出了狭隘的个人行为模式，走向合

作、发展、高度负责。在我的教学经历中，曾经发生过动人的一幕：全班学生一起参加"小学生当场作文大赛"，报名时，有一位学生生病在家，病愈后，已经错过了学校集体报名的机会，我劝说这位学生放弃比赛，因为我知道他的作文很一般，然而，为了全班设定的100%参加、100%获奖的目标，他千方百计地自己去报了名，并最终在比赛中获得了一个"优秀奖"。一个不能算"奖"的奖励，反映出一个学生对作文的热爱，能力有大有小，努力才能成功！

2. 游戏活动策略

喜欢游戏是学生的天性，教师只要留心一下游戏规则，就会发现，游戏之所以能长期吸引学生的注意力，是因为它紧紧抓住了儿童喜欢变化刺激、信息及时反馈、不断给予奖励、不断设定最近目标等特性。小学语文"意·创"之法要求教师设计的作文活动也像"游戏"一样，符合学生的这些心理特点，使学生始终保持持久的学习动力，提高成功的概率。例如，我在三年级作文教学中设计的"限时作文"实验，就引进了游戏规则，让作文与"游戏"匹配，在规定的时间内，让学生不停地写，尽可能写最长的作文。给予时间限定，就是给予学生挑战，使学生产生紧迫感，在规定时间内集中注意力进行写作；教师经常巡视，发现问题及时点拨，及时指导与示范，就是不断给学生信息反馈；当堂点评，在点评中蕴含方法指导，让学生对照标准给自己打分，学生通过自我评价增强成功感。"限时作文"取得的最明显效果是三年级学生不再害怕写作文，他们觉得写作文很有趣，能写得又长又快，作文兴趣大大提高。

3. 阅读和发表策略

心理学告诉我们，如果学生学习行为的结果与学习时的期望一致，那么学习动机就会被持续激发，从而维持在高水平的运作状态。教师一般会运用强化和反馈手段来促进学生对学习的满意程度，但这种强化不能过多地依赖外部奖励，这是由学生"认知内驱力"的特点所决定的。在我们的作文教学中，长期存在着"廉价的表扬"，教师常常引导学生关注作文内容以外的各种奖励，如获得表扬、得到五角星、得到优秀等，绞尽脑汁变化激励手段，却忽视了作文本身所具有的认知评价功能和激励功能。

作文和一般的语文作业、语文考试相比，存在明显的不同，它可以被阅读。作文的读者不应该仅仅是教师个人，它的读者群应该更广泛，可以被更多的人阅读，作文的价值和意义就在于它的后继阅读功能。当一个学生的作文被大家交流、评价，学生的责任意识就会被高度激发，伴随而来的就是学生对自己"作品"的精益求精、全力以赴。在以后的写作中，学生不仅会自觉完成教师的要求，还会抱有更大的期待，希望超越，希望被大家再度认可。这时，学生对作文的内在任务发生兴趣，为自己设定的作文目标自觉提高，认知内驱力自然转化为自我提高的内驱力。

当教师在进行作文教学时，不要忘了大声朗读的功能，老师读，自己读，请别人读；不要忘了传阅的功能，你看，我看，家长看，同学看，大家看。同时，教师还要不断帮助学生发表作文。发表使学生获得的评价更为高级。在我所教授的班级中，学生从一年级开始学写诗歌，他们的作品不断被我推荐在报刊上发表，不能在外发表的就组织各种形式的班内发表。有了发表，就有了真正的读者，学生就拥有了真正的作文意识；有了发表，就有了真正言说的自由，学生就拥有了生命健康成长的种子。

第八节　对话与点拨

在当前的磨课环节，很多教师会将过多的注意力放在教学生如何"说"，即如何提问、如何应答上，并预设学生的答案以作出追问和理答，而对于另外四项基本功——听、读、写、思，则容易忽略。小学语文教学的"意·创"之法从课程的整体目标出发，观照学生听、读、写、思基本功的练就。

一、对话：练就"听"的技巧

小学语文"意·创"之法要有意识地营造师生、生生对话情境，并引导学生学会听，不但要听对方的发言内容、对问题的表述、回答的要领等，还要能听出对方表达过程中的纰漏、疑惑，并在此基础上调整自己的表达内容或方式。

1."听"语病

课堂交流中，对话的前提是"听"。"听"的目标要提高，不能仅仅落脚于就事论事地发言或者回答问题上，要指向用准确规范的语言进行表达，关注发言是否符合语言逻辑规范，是否准确，甚至生动。一般来说，在低年段的对话交流中，要有意识地引导学生听他人表达是否完整；进入中年级后，要趋向于引导学生听他人表达是否准确；随着年级的升高，就要注意引导学生听他人是否能有见地、有创意地表达自己的体会与想法。"听"的能力的提升，有助于训练学生的思维能力以及合理、清晰表达的能力。

如教学《李时珍夜宿古寺》，教师营造了"谈谈自己对《本草纲目》的印象"这样的对话氛围，当有学生说"李时珍写出的《本草纲目》是一项伟大的'成果'"时，教师就有意识地引导："大家觉得这个词用得准确不准确？"

思考片刻，就有学生听出"成果"不太恰当。当教师询问原因时，这位学生联系上下文指出李时珍长年累月奔波、亲尝百草、随时书写药草特性的经历，从他的角度诠释了自己的理由。听到这儿，又有学生认为，"成就"一词比"成果"更合适，原因是：对"成果"和"成就"两个词进行对比后发现，"成就"所包含的情感深度浓于"成果"。这样的"听"，很好地激发了学生思考的积极性，当教师又适时补充了与《本草纲目》相关的资料后，学生更深切地感受到了《本草纲目》所蕴含的智慧以及其价值的伟大。在这样"听"的过程中，学生不断进行判断与选择，遣词造句能力得到了很好的提升。

再如教学《装满昆虫的衣袋》一课，概括课文内容时，有学生说："虽然法布尔受到了父母的责骂，但丝毫没有阻止他对昆虫的迷恋。"教师故意逆向评价道："我觉得这个总结用得关联词还不错，大家怎么看？"当时就有学生回答道："老师，我觉得这句话使用关联词'虽然……但是……'并不准确，用'即使……也……'更能体现表达的意义。"听了这一见解，其他学生点头称是，教师也对该生"会听"的行为给予了肯定。这堂课上，学生都认真听，希望能从别人的发言中发现纰漏，听讲效果极好。

在对话中能敏锐听出对方细微的语病，对提升学生表情达意的水平是很有帮助的。

2."听"疑惑

教学不是单纯进行文本内容理解的教学，而是在此基础上强调写作表达的过程。这样的目标，当然容易加深学习难度，也容易使学生产生疑惑。因此，对话过程中，教师要积极引导学生从发言中听出疑惑，并能判断出疑惑来自何处，进而有针对性地"下药"。

教材中有不少带有明显文体特点的说明文、说理文、科学小品文、叙事故事等文本，教师常常希望学生在阅读篇章或者段落时，关注这类文章的写作特点，而学生却总是在文本内容上打转绕圈。此时，教师就要巧妙创设对话氛围，让学生有目的地"听"，凭借敏锐的感觉，尽量听出疑惑，然后共同解决疑惑。

如针对《宋庆龄故居的樟树》一课"借物喻人"的写作方式，教师引导学生围绕"人们为什么喜欢在樟树前留影"展开对话，学生的回答一般是这样的：因为樟树四季常青，枝繁叶茂；因为樟树不怕虫子，还有驱虫的效果；等等。此时，教师就要听出学生在重复文本的表面内容，没有深入文本内在，从另一个角度思考得出"借物喻人"的意义。当学生的表达离开了预设的路径，教师就要立刻调整指导的方向，补充宋庆龄在抗战期间所作所为的资料，并提示学生把樟树的特性与宋庆龄的品格联系起来，水到渠成地呈现推理结果，归纳出写作特点。教师的听与教师的导有机结合，课堂对话状态才是高效的。

二、揣摩：观照"读"的视角

语文教师向来注重对语言文字的品读，习惯于引导学生在教学过程中感受语言、品味语言、发展语言。然而，随着新一轮语文课程改革的深入，教学对阅读文本的目标与要求、手段与评价都有明显的变化。小学语文"意·创"之法要求教师不仅能自己读懂文本内容以及文本表达的方式方法，还要引导学生认真揣摩，观照"读"的不同视角，学会"读"。

1. 读出文字的味道

比如，在教学《生命桥》时，"试跳成功"四个字意味深长。教师首先通过联系上下文深入品味语言，感受出这一句裹挟的不同意味，有惊喜，有赞叹，更有惋惜，然后通过情境创设、品味涵泳，让学生将理解后的情味读出来，读出意思、读出特点、读出主旨、读出感受，最终形成语言的感受能力和品味能力。

2. 读懂表达特点

读懂表达特点，就是要读出文本不同的特征。不同的文体所采用的语言表达方式是不同的，教师要教会学生读文本表达特点和写作特点。

如《诚实与信任》一课的表达特点是事情的发展由一连串"出人意料"的情节构成。教学时，教师可以带着学生围绕几个容易忽视的对话与行为进行品读。文本并没有对人物出人意料的言行给出明确的总结，需要学生进行自主总结。带着目标读，学生就会进行有意识的逻辑性思考，并围绕"诚实与信任"的线索进行深度思考，理出故事跌宕起伏的用意，读出人物之间的矛盾冲突点恰恰是故事构成的巧妙之处。

又如教学《滴水穿石的启示》，根据说理文的文体特征，教师引导学生将品读角度聚焦于说理文观点的表达特点上，学生开始关注表达观点的句式，如以"这个小洞是怎么形成的呢？原来在这块石头的上方，有水滴接连不断地从岩缝中滴落下来"这样的设问形式引出观点；连续以李时珍、爱迪生、齐白石等名人的真实事例佐证观点；以雨水无法滴穿石头这样的类比深化观点等。在这样观照表达特点的品读过程中，学生也会关注文本顺理说理的逻辑关系，关注文本层层递进、概括例举的论证方式，关注文本简洁明了的语言特色，可谓一举多得的"读"。

当然，在实际操作中，教师也需要持续夯实自己"读"的基本功，以便有机结合两种"读"的视角，引导学生在"读表达"中深化理解。

三、迁移：把握"写"的层次

读写结合是语文教学的重要手段。依据文本语言特点，结合学生学习的实际情况，把握"写"的层次，巧妙设计练笔作业，引导学生灵活迁移、举一反三，是需要教师把握的要点。

1. 关注语言特色

虽然我们可以让学生根据文本内容开展类似于想象或感悟方面的写作，但从根本上说，关注得太多，学生反而无法下手。较为恰当的做法应该是在设计写的迁移环节时，充分考虑练笔设计与文本特征的契合度，充分体现文本的语言特色。

如教学《滴水穿石的启示》一课时，基于其说理文的特色，有教师发现文本采用关联句式表达观点以及运用概括性语言举例子的方法比较适合练笔，便引导学生练习写《徐悲鸿励志学画》。这样有针对性的训练，激发学生写出了"年轻的画师徐悲鸿励志学画，即使受到外国学生的嘲讽，也不半途而废""每逢节假日，他就一整天在博物馆临摹""尽管生活十分清苦，他却仍然省下钱来购买绘画用品""功夫不负有心人，经过持之以恒的练习，他创作的油画终于在巴黎展出，轰动了整个画界"等较有创意的句子，不仅体现了他们对文本独特的理解，还从一定程度上挖掘出说理文语言表达的"模板"，更为他们写作能力的提升提供了助力。

2. 着眼习作目标

写作训练的目标一定要与这个年段的学习目标和学习特点相契合。比如二年级的句式训练，就是仿照句式"套用"，基本句式是：谁在什么时间什么地方干什么，怎么样。如《水乡歌》一文中，教师引导学生简单套用"水乡什么多？水多"这样的句式进行词语替换，即可达成学习目标。而进入中高年级后，教师不仅要关注由句到段的训练，还要着眼于句子意义的简洁、精准表达。由宽泛、笼统的表达转向精准表达，从啰唆、重复的表达转向简洁表达，从乏陈、单调的叙述转向生动表述，从模糊、平面的结构转向明确、立体的层次表达……这些习作目标的达成，不仅有对学生语言积累方面的要求，更有思维训练方面的要求。

又如，教学《黄鹤楼送别》一课，教师都会带着学生先领会"文包诗"的题材特点，然后再写其他离别诗的意境。但是，究竟怎么写，却不能为学生提供实际、有针对性的帮助。有的学生学完甚至对这首诗的意思都还没弄懂，又怎么可能会写，更不要说写好了，大多数情况下，他们只不过走个形式而已。此时，教师可以从学生平时积累的其他古诗中挑选一首耳熟能详的离别诗，让学生朗声背诵出来，在基本疏通诗意的基础上，感受共通的离愁别绪，再教学生在翻译诗意时加入表达情绪的词句。如此，学生即能学会带有情义表达的翻译诗歌法了。

再以《滴水穿石的启示》一课为例，有教师根据文本特点，围绕概括性叙述的训练点，实施了分步练笔策略。他先引导学生学习本文的例子，弄清楚文本是怎么写的，让学生对文本表达特色有所领会，然后组织学生以"专一目标—不懈努力—取得成就"的顺序，分析徐悲鸿这个人物的事迹。在学生交流的过程中，他也不忘及时为学生提供表达的"拐杖"，鼓励学生将"虽然……但是……""即使……也……""即使……总是……"等关联句式适时融入自己的表达，并进行清晰、准确、简洁的表达。在学生能够熟练、简洁、明确地表达徐悲鸿的案例后，他又鼓励学生根据上述训练试着写"法布尔"的事迹。

通过上面的练习，学生已在脑中形成了思维导图，自然能将此法熟练迁移运用于后者。

四、整合：聚焦"思"的重心

语文教学不仅仅是语言文字的教学，更是进行思维训练的教学。如何在教学中对学生进行思维训练，这是小学语文"意·创"之法需要重点考虑的问题，教师需对文本甚至整个课程进行整体性思维。

1. 提炼"主问题"

"主问题"是教学的线索，牵一发而动全身，能在节约教学时间的同时提高教学效率。小学语文"意·创"之法围绕"主问题"进行教学，给予学生更多的表达空间、思考空间和写作空间；鼓励学生围绕主问题发散思维，生发与众不同的理解、体验与感悟。

如教学《厄运打不垮的信念》一课时，紧扣课题"厄运""打不垮"和"信念"这三个关键词，设计一个主问题"为什么说谈迁具有厄运都打不垮的信念"，通过组织学生围绕环环相扣的三个关键词进行积极思维，将学生研读文本、体验情感的着力点落在对"打不垮"的语言描述上，前后关联"厄运之巨"和"信念之强"，凸显全文主旨，把握文本精彩的写作特点。

2. 搭建思维阶梯

提升学生的思维表达能力，离不开教师的适时牵引。指导学生读文本的过程实际上也是指导其思考、写作的过程，是思维体现的重要窗口。小学语文"意·创"之法要求教师要有意识地为学生搭建思维的阶梯，让学生在循序渐进、潜移默化中提升思维能力。

如教学《云雀的心愿》一课，教师先让学生读懂总分总的构段方式，然后让学生细读"从上至下写森林蓄水的语句"，得出有序思维的导图，接着研读语句表达的细微差别，落实语言的准确表达。当教师为学生搭建了持续思维的阶梯后，学生就能不断迸发思维的火花，生发按总分总方式说说"森林是个空调器"的话题，讨论应按怎样的思维顺序表达清楚。又生发出如何有序地介绍"森林是个净化器""森林是个大宝库"等想法。在此基础上，教师引导学生及时将自己的想法写下来。写的过程实际上就是思维迁移和深入的过程，在组词、造句、构段的尝试中，学生的思维得到有效深化。

3. 强化整体思维

文本选编于同一册教材或者同一单元时，所表现的句子与句子、段落与段落、篇章与篇章，甚至人物与人物、事件与事件之间，都或多或少存在某种内在联系。小学语文"意·创"之法要求教师能立足整体，有意识地引导学生发现文本之间内在的关联，并能从某个点关联到其他点，还能在学到后面的知识时关注到前面的知识点，能在学到中间内容的时候关注到前后两端的内容，以形成思维或知识的连贯性。

仍以教学《滴水穿石的启示》一课为例，有教师根据"如何概括地举例子"这一知识点进行了分步骤引导：第一步，将《滴水穿石的启示》一课与之前学过的《李时珍夜宿古寺》一课的写法做比较，发现说明文擅长用举例子的方式进行概括；第二步，启发学生以《装满昆虫的衣袋》中的法布尔和《徐悲鸿励志学画》中的徐悲鸿为例，模仿《滴水穿石的启示》一课的表达方式进行仿写，掌握以事例佐证观点的方法，并领悟从"专一的目标"到"不懈的努力"，再到"取得的成就"的表述过程，从而达到五年级语言训练的目标；第三步，引导学生回忆整个单元中"富兰克林发明避雷针""谈迁创作《国榷》""诺贝尔发明固体炸药"的事迹，深化理解内容、主题以及表达的特点。

具备整体思维的能力，学习就能从整体走向部分，从部分回归整体，还能打通部分与部分之间的勾连，使之实现"再勾连"，成为整体的有效组成部分。这样的整体思维能力，能够帮助学生将语文知识与能力形成网状结构，助力学生学习的持续性发展。

总之，对学生进行听读写思的有效训练，是小学语文"意·创"之法的必然内容，因而对教师提出了更高、更多的要求，我们必须进行深入研究。

参考文献

［1］成尚荣.金阊实小的文化主张和行为［J］.江苏教育研究，2011（21）.

［2］安德烈·焦尔当.变构模型：学习研究的新路径［M］.杭零，译.北京：教育科学出版社，2010.

［3］汪树林.通向"儿童数学"的途中："儿童数学"的现象学意蕴［J］.江苏教育，2011（4）.

［4］张华.教师的思维就是关注儿童的思维［J］.教师月刊，2012（9）.

［5］王荣生.语文科课程论基础［M］.2版.上海：上海教育出版社，2005.

［6］钟启泉，崔允漷，张华.为了中华民族的复兴　为了每位学生的改革：《基础教育课程改革纲要（试行）》解读［M］.上海：华东师范大学出版社，2001.

［7］王尚文.语感论［M］.上海：上海教育出版社，2006.

［8］王瑞.解读《庄子》哲学中的"身体"［J］.江淮论坛，2009（1）.

［9］杨大春.语言　身体　他者：当代法国哲学的三大主题［M］.北京：生活·读书·新知三联书店，2007.

［10］中华人民共和国教育部.义务教育语文课程标准（2011年版）［M］.北京：北京师范大学出版社，2012.

［11］邵朝友，崔允漷.指向核心素养的教学方案设计：大观念的视角［J］.全球教育展望，2017（6）.

［12］曹文兵.“学习任务群”背景下的小学群文阅读实践［J］.人民教育，2018（23）.

［13］许大成.“个人知识”视域下的思想政治课素养培育［J］.江苏教育研究，2018（29）.

［14］周刘波.借鉴幕课设计理念优化课堂教学［J］.中国教育学刊，2018（2）.

［15］李松林.培育学科核心素养的三个教学问题［J］.教育科学研究，2017（8）.

［16］郁振华.人类知识的默会维度［M］.北京：北京大学出版社，2012.

［17］尹佐兰.复杂性思维视域下的数学思维品质培养研究［D］.武汉：华中师范大学教育学院，2018.

［18］钟志贤.如何发展学习者高阶思维能力？［J］.远程教育杂志，2005（4）.

［19］马颖峰，赵磊.Second Life与高阶思维能力培养的关系及对教育游戏设计的启示［J］.现代教育技术，2010（9）.

［20］汪茂华.高阶思维能力评价研究［D］.上海：华东师范大学，2018.

［21］夏丏尊.夏丏尊文集［M］.杭州：浙江文艺出版社，1983.

［22］叶圣陶.叶圣陶语文教育论集［M］.北京：教育科学出版社，1980.

［23］吕叔湘.吕叔湘全集（第十一卷）［M］.沈阳：辽宁教育出版社，2002.

［24］洪镇涛.积累·语感·语感训练：小学生自发仿写古体诗的启示［J］.中学语文教学，2004（1）.

［25］李海林.言语教学论［M］.上海：上海教育出版社，2000.

［26］潘新和.语文：表现与存在（上册）［M］.福州：福建人民出版社，2004.

［27］王尚文，燕芹.语感：一个理论与实践的热点［J］.语文学习，1993（3）.

［28］李海林.语言的隐含意义、语感与语感教学［J］.语文学习，1992（10）.

［29］潘新和.语文课程“语感中心说”之浅见［J］.课程·教材·教法，2002（8）.

［30］王荣生.语感、语识与语文实践活动：对语感教学的课程论思考［J］.语文教学通讯，2006（10）.

［31］江平.小学语文教学与语感培养［J］.教学月刊（小学版），2010（10）.

［32］李晓华.微观语感的训练与培养［J］.语文教学与研究（教师版），
2006（4）.

［33］任苏民.教育与人生：叶圣陶教育论著选读［M］.上海：上海教育出版
社，2004.

［34］李海林.从学情角度谈以学定教［J］.教师月刊，2012（9）.

［35］雷玲.王崧舟的语文诗意之旅［J］.教师博览，2006（6）.

［36］刘福根.中学语文教学热点探析［M］.杭州：浙江大学出版社，2001.

［37］洪镇涛.打开"学习语言"的大门［M］.武汉：湖北教育出版社，2001.

［38］林润生.语感研究新思维［J］.福建教育，2004（2）.

［39］陈望道.修辞学发凡［M］.上海：复旦大学出版社，2012.

［40］王德春.修辞学探索［M］.北京：北京出版社，1983.

［41］张志公.语义与语言环境［J］.汉语学习，1987（5）.

［42］西槙光正.语境研究论文集［A］.北京：北京语言学院出版社，1992.

［43］王希杰.论语言的环境［J］.广西大学学报，1996（1）.

［44］王建华.关于语境的定义和性质［J］.浙江社会科学，2002（3）.

［45］孔凡成.语境教学研究［M］.北京：人民出版社，2009.

［46］西槙光正.语境与语言研究［C］.第三届国际汉语教学讨论会论文选，
1990.

［47］冯炜.语境是语用的中介场［J］.山东大学学报，1988（2）.

［48］王建华.关于语境的构成与分类［J］.语言文字应用，2002（3）.

［49］索振羽.语用学教程［M］.2版.北京：北京大学出版社，2014.

［50］何贤景.语词 语境 语感［M］.北京：北京教育出版社，1998.

［51］王元华.语文教学本质上是语用教学［J］.语文建设，2008（Z1）.

［52］王占馥.语境学导论［M］.呼和浩特：内蒙古大学出版社，1993.

［53］薛法根.走向智慧的语文教学［J］.苏州教育，2004（12）.

［54］王建华.语用学与语文教学［M］.杭州：浙江大学出版社，2000.

［55］汪潮.“学习语言文字运用”的学理分析［J］.小学教学，2014（11）.

［56］何兆熊.新编语用学概要［M］.上海：上海外语教育出版社，2000.

［57］陈先云.论语文教学中儿童思维能力的发展［J］.课程·教材·教法，1996（10）.

［58］刘仁增.语用：开启语文教学新门［M］.福州：福建教育出版社，2015.

［59］张良林.卡尔纳普与莫里斯［J］.科学技术哲学研究，2012（4）.

［60］王建华.语用研究的探索与拓展［M］.北京：商务印书馆，2009.

［61］何自然，冉永平.新编语用学概论［M］.北京：北京大学出版社，2009.

［62］于根元.探讨语文教学理论的重要成果：读《语用学在语文教学中的运用》［J］.语言文字应用，1994（4）.

［63］雷良启.汉语语用学的拓荒之作：评王建华《语用学在语文教学中的运用》［J］.浙江社会科学，1995（3）.

［64］赵枫.语用教学观指导下的语文教学［D］.长春：东北师范大学，2011.

［65］韩雪屏.语文课程的知识内容［J］.语文建设，2003（3）.

［66］韩雪屏.审理我国百年语文课程的语用知识［J］.课程·教材·教法，2010（10）.

［67］姚敏.走出语用教学误区提高语用教学效果［J］.文学教育（上），2018（6）.

［68］荣维东.建设真语文的语用知识基础［J］.语文建设，2014（10）.

［69］张祖庆.张祖庆讲语文［M］.北京：语文出版社，2008.

［70］张必隐.阅读心理学［M］.北京：北京师范大学出版社，2004.

［71］管建刚.寻找阅读的专业属性［J］.人民教育，2014（9）.

［72］王元华.语用学视野下的语文教学［M］.北京：北京师范大学出版社，2012.

［73］胡家曙.“用教材教”不应该成为教条［J］.人民教育，2015（5）.

［74］余映潮.余映潮讲语文［M］.5版.北京：语文出版社，2014.

［75］赖先刚.“语用教学观”对“现代汉语”课程内容的统摄［J］.乐山师范学院学报，2005（2）.

［76］董静，于海波.论教学逻辑的合理发展意蕴及其有效对策［J］.中国教育学刊，2017（2）.

［77］南纪稳，张立昌.教学规律研究：必要性及研究逻辑［J］.教育研究，2010（12）.

［78］陈静静.教师实践性知识及其生成机制研究：中日比较的视角［D］.上海：华东师范大学，2009.

［79］杨国荣.人类行动与实践智慧［M］.北京：生活·读书·新知三联书店，2013.

［80］张金运，张立昌.基于文化素养养成的课程知识理解［J］.中国教育学刊，2017（1）.

［81］杨定胜.阅读教学对话的方向偏失及破解路径［J］.中国教育学刊，2017（5）.

［82］张庆.阅读是学生的个性化行为［J］.小学语文教师，2001（11）.

［83］徐斌艳.从德国的开放式教学看素质教育的落实［J］.外国教育资料，1999（4）.

［84］王建华，张睿.现代开放教育模式浅探［J］.教育研究，2000（3）.

［85］刘红.把自由还给学生：关于语文阅读课堂教学的思考［J］.江苏教育研究，2002（1）.

［86］郭元祥.教师的课程意识及其生成［J］.教育研究，2003（6）.

［87］周益民.语文教学，追求什么样的精彩［J］.人民教育，2004（6）.

［88］B.A.苏霍姆林斯基.给教师的建议［M］.2版.北京：教育科学出版社，2003.

［89］薄俊生.生活语文：我的教学主张［J］.江苏教育，2006（10）.

［90］董菊初.叶圣陶语文教育思想概论［M］.北京：开明出版社，1998.

［91］任苏民.叶圣陶"引导自学"思想研究［J］.教育研究与实验，1994（4）.

［92］陈申.语言文化教学策略研究［M］.北京：北京语言文化大学出版社，2001.

［93］申小龙.语文的阐释［M］.沈阳：辽宁教育出版社，1991.

［94］陆嘉明.语文审美教育［M］.广州：新世纪出版社，1992.

［95］张俭福.自控式学习动机的培养［J］.中小学管理，2002（10）.

［96］皮连生.学与教的心理学［M］.2版.上海：华东师范大学出版社，1997.

后 记 ▶

　　学校教育中关于教师的教和学生的学的种种问题，可以归结为学习意义的缺失。意义有多种理解，这里的意义指学习的价值和作用，以及语言文字或其他符号表示的内涵。小学语文教学的"意·创"之法界定为个体在学习语言文字的过程中生成对学习者有价值、有作用的心理表征。反思传统的语文教学，太注重语文的知识成果和表达技能，忽视或无视语文学科对学习者构成的价值作用。具体说就是语文学习缺乏意义，不能引发学生的积极心理活动。根据维果茨基的理论："学习者在组织和理解学习内容的过程中，内心生成某种心理框架，对学习者而言，才是有意义的。"小学语文教学的"意·创"之法从某种意义上来说，是致力于在学习语文的过程中，用各种活动方式引发学生内心生成新的心理框架，传承语文中表达的文化意义，创造自己对语言文字的价值理解，产生深层次意义的学习行为。

　　社会构建主义理论将人类宇宙划分为三个世界：一是外在的物质事物世界；二是自我生活经验世界；三是由语言文字、图像符号、文化产物、精神事物组成的精神文化世界。第三世界是教育活动直接指向的世界。在教育活动组织的过程中，我们不能对立和排斥外在事物、个人生活经验对文化认知的关联影响。

　　三个世界的关联性互动活动，依赖于语言，依赖于对话。语言是知识积累、传输与表征的形式，对话是三个世界关联互动活动的核心。语文学习就是学生基于情境，依赖社会功能获得语言意义。通过师生对话、生生对话、文本对话、自我对话等特殊思维过程，可以建立属于自己的心智结构，实现精神文化世界向外在物质事物世界的回归，以及跟自我生活经验的融合。

　　小学语文教学的"意·创"之法是一种依赖三个世界互动理论的语言意义

建构的语文学科教学活动的实践。理论支撑多数来源于社会建构主义学派，其中采纳了社会建构主义的三条基本假设：一是语言的意义是通过社会性的相互依赖而获得的；二是语言的意义依赖于语境；三是语言主要服务于公共功能。

我着重要表达的是儿童观和课程观对这一创新之法的根本影响，并通过语文学习之"意"来体现语言学习是一种文化实践，语文植根于童心，需要跟儿童真实世界融合的内涵。通过"语感实践""语境实践""语用实践""内容重构"等途径来实现小学语文"意·创"之法的实践表达。近十多年的"意·创"之法探索，从混沌到清晰，过程十分艰辛。我想用自己的教学主张去研究、去实践，给予志同道合者启示与反思，在语文教学领域中，为提升学生的语文学科核心素养奉献绵薄之力。感谢语文团队的伙伴们积极参与此书编写，陆静、吴妍彬、张煜瑜、金卓颖、陆怡、王雅婷等，每一位都是年轻的奋进者。特别感谢我的伯伯汪授星，他不断鼓励、督促我，经常与我探讨，并亲自操笔给予帮助。

杨建英

2020年3月于苏州